Е.А. Еремина

# ПОЭЗИЯ РУССКОЙ ОСЕНИ

Санкт-Петербург
«Златоуст»

2017

УДК 811.161.1

**Еремина, Е.А.**
 Поэзия русской осени : пособие по развитию речи для иностранных студентов. — СПб.: Златоуст, 2017. — 104 с.

**Yeremina, E.A.**
 Poetry of Russian autumn : text book for speech activity for foreign students. — St. Petersburg : Zlatoust, 2017. — 104 p.

ISBN 978-5-86547-968-0

Издание осуществлено при финансовой поддержке Комитета по науке и высшей школе г. Санкт-Петербурга

Гл. редактор: к.ф.н. *А.В. Голубева*
Редактор: *О.С. Капполь*
Корректор: *О.М. Федотова*
Вёрстка: *В.В. Листова*
Обложка: *ИП Д. Шаманский*

Учебное пособие предназначено для иностранцев, изучающих русский язык на основном и продвинутом этапах (от В1 и выше). Оно ориентировано на развитие письменной и устной речи учащихся на материале текстов русской художественной литературы, посвященных осени.

В пособии реализована методика обучения иностранных учащихся восприятию русских словесных образов. Пособие состоит из пяти частей. В первой части проводится работа над лексикой, которая используется для описания осени в прямом значении. Во второй части студенты знакомятся с языковыми образами осени. Третья и четвертая части содержат тексты русской литературы, расположенные в последовательности «от простого к сложному», и задания к ним, в том числе способствующие эффективному восприятию иностранными студентами словесных образов осени. В пятой части содержатся задания на обобщение и осмысление представленного в пособии материала в целом.

В пособии использована система инструкций, необходимых для понимания словесных образов. Представлены тексты страноведческого характера. В качестве иллюстративного материала используются произведения русских художников.

**100 ЛЕТ РОССИЙСКОЙ КНИЖНОЙ ПАЛАТЕ**

Подготовка оригинал-макета: издательство «Златоуст».
Подписано в печать 30.11.16. Формат 60х90/8. Печ.л. 13. Печать офсетная. Тираж 1000 экз. Заказ № 1048.
Код продукции: ОК 005-93-953005.

Санитарно-эпидемиологическое заключение на продукцию издательства Государственной СЭС РФ № 78.01.07.953.П.011312.06.10 от 30.06.2010 г.

Издательство «Златоуст»: 197101, Санкт-Петербург, Каменноостровский пр., д. 24, оф. 24. Тел.: (+7-812) 346-06-68; факс: (+7-812) 703-11-79; e-mail: sales@zlat.spb.ru, http://www.zlat.spb.ru

Отпечатано в ООО «АЛЛЕГРО».
196084, Санкт-Петербург, ул. Коли Томчака, 28, тел.: (+7-812) 388-90-00

# СОДЕРЖАНИЕ

# ПРЕДИСЛОВИЕ

Пособие «Поэзия русской осени» адресовано студентам-иностранцам, изучающим русский язык на основном и продвинутом этапах, и может быть использовано в обучении, построенном по модульному или традиционному принципу.

Основная цель заданий пособия — способствовать развитию речевой и социокультурной компетенции иностранных студентов на материале текстов русской художественной литературы, в том числе формированию и развитию умений восприятия словесных образов.

Во время чтения текстов русской художественной литературы большие трудности у иностранных студентов вызывает восприятие словесных образов. Под словесным образом понимается «небольшой фрагмент текста (от одного слова до нескольких строф или предложений), в котором отождествляются (сближаются) противоречащие в широком смысле понятия» [Павлович 2004, с. 19]. На преодоление таких трудностей направлена методика обучения иностранных студентов восприятию словесных образов времён года, реализуемая в настоящем пособии.

Пособие состоит из пяти частей. В первой части «Ранняя осень» проводится работа над лексикой, использующейся для описания осени в прямом значении. Слова, с которыми познакомятся студенты в этой части, будут встречаться на протяжении всего пособия. Владение этой лексикой пригодится как при чтении текстов, так и при выполнении упражнений, в том числе речевых. Задания третьей и четвёртой частей будут ориентировать студентов на повторение слов, изученных в первой части.

Во второй части «От золотой до глубокой осени» студенты знакомятся с языковыми образами осени. Это словесные образы, которые встречаются не только в текстах художественной литературы, но и в публицистике, а также часто используются носителями русского языка в повседневной речи. Знакомство с языковыми образами готовит студентов к восприятию речевых образов, которые встретятся при чтении художественных текстов.

Третья и четвёртая части содержат тексты русской литературы, расположенные в последовательности «от простого к сложному», и задания к ним, в том числе способствующие эффективному восприятию иностранными студентами словесных образов осени. В третьей части «Осень в лесу» собраны тексты, в которых элементы осенней природы — деревья, листья, небо, поле и пр. — сопоставляются с различными явлениями жизни или с предметами. В четвёртой же части «Осень и человек» либо элементы осенней природы, либо осень в целом сопоставляются с человеком и его жизнью.

В качестве материала обучения в третьей и четвёртой частях используются прозаические и поэтические произведения русских писателей. Работа над каждым текстом начинается с речевой разминки, которая вводит студентов в тему, связанную с текстом, активизирует у них лексико-грамматические знания, навыки и умения, повышает интерес к изучаемому материалу, развивает творческие способности. Заканчивается работа над каждым текстом также заданиями творческого характера: студенты должны составить диалог по ситуации, представленной в тексте, и подготовить монологическое высказывание, связанное с содержанием прочитанного произведения. При выполнении этих заданий студенты используют в своей речи словесные образы, придумывая их самостоятельно либо трансформируя те, с которыми они уже успели познакомиться.

В пятой части «Подведём итоги» предлагаются задания на осмысление представленного в пособии материала в целом. Выполняя эти задания, студенты возвращаются к изученному, чтобы осмыслить его с новой точки зрения, с новых позиций.

В пособии реализована система инструкций, разработанная с учётом особенностей восприятия словесных образов иностранными студентами. Благодаря инструкциям они узнают о том, какие мыслительные действия необходимо предпринять для более эффективного понимания словесного образа, в том числе при выполнении специальных заданий.

Пособие снабжено текстами, «заметками», дающими студентам сведения об особенностях русской культуры (например, о том, что такое терем, о его истории и отражении в фольклоре), о явлениях, значимых для русской культуры (например, о картине И.И. Левитана «Золотая осень» или о пушкинской осени), о роли, которую играют в русской культуре и в традиционном укладе быта те или иные элементы осенней природы: лес, поле, василёк, журавли. В этих текстах раскрываются значения слов, необходимых для понимания не только описываемого явления, но и литературного произведения, которое студенты прочитали или собираются прочитать. Задания, сопровождающие тексты страноведческого характера, ориентируют студентов на сопоставление русской и родной культур.

В качестве иллюстративного материала в пособии использованы картины русских художников: И.И. Шишкина, И.И. Левитана, В.Д. Поленова, А.Е. Мартынова, А.Г. Венецианова, И.Э. Грабаря, В.Е. Попкова. При этом картины не просто иллюстрируют текст, а являются частью заданий тренировочного или коммуникативного характера. Так, выполняя задания, студенты знакомятся с шедеврами русского изобразительного искусства.

Пособие может быть использовано на занятиях по чтению и развитию речи, на комплексных занятиях в практическом курсе русского языка как иностранного.

*Хотелось бы выразить благодарность доктору филологических наук, профессору Татьяне Григорьевне Аркадьевой, заведующей кафедрой русского языка как иностранного РГПУ им. А.И. Герцена, за ценные рекомендации, высказанные ею в ходе подготовки пособия, и за чуткое руководство во время разработки автором методики обучения иностранных студентов восприятию словесных образов времён года.*

*Автор будет признателен за отзывы, замечания и предложения, которые можно направлять в издательство: editor@zlat.spb.ru.*

# Часть А

# Ранняя осень

**ЗАДАНИЕ 1.**
Рассмотрите картину Василия Дмитриевича Поленова «Золотая осень». За одну минуту запомните как можно больше деталей. Через минуту закройте картину и опишите её.

В.Д. Поленов. Золотая осень. 1893

## ЗАДАНИЕ 2.

**Ознакомьтесь со схемой «Слова осени». Какие слова оказались новыми для вас? До-полните схему своими словами.**

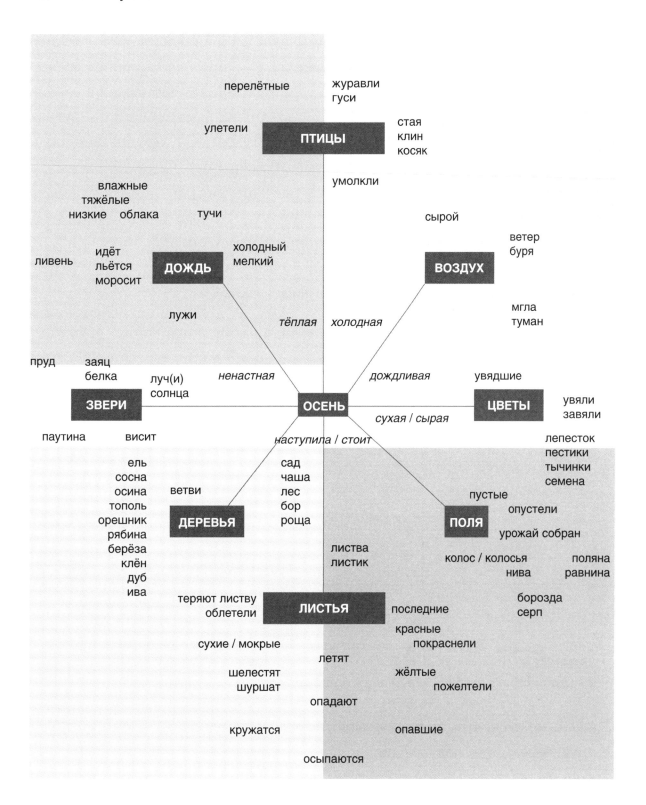

Схема «Слова осени»

**ЗАДАНИЕ 3.**

**Б. Заполните пропуски словами, подходящими по смыслу, используйте схему «Слова осени».**

1. Дорога шла полем. С обеих сторон низко наклонялись жёлтые, спелые ................................................ (З.Н. Гиппиус. Смирение). 2. ...злой паук выбежал на бедную муху, попавшуюся в его ................................................ (Ф.М. Достоевский. Записки из мертвого дома). 3. ................................................ летели быстро-быстро и кричали грустно, будто звали с собою (А.П. Чехов. Мужики). 4. Светло-лимонные листья ................................................ , пронизанные солнечными ................................................ , блестят, как золото… (А.И. Куприн. Путевые картинки). 5. Сегодняшнее сентябрьское утро было сумрачное, ................................................ серый дождик; жёлто-зелёный туман висел за окнами (А.И. Куприн. Юнкера).

**ЗАДАНИЕ 4.**

**А. Сгруппируйте слова по смыслу, дайте группам названия.**

белка, берёза, бор, борозда, гуси, журавли, заяц, клён, нива, орешник, роща, рябина, серп, чаща

| | | |
|---|---|---|
| | | |
| | | |
| | | |
| | | |
| | | |
| | | |
| | | |

**ЗАДАНИЕ 5.**

**В каждой строке вычеркните лишнее по смыслу слово.**

влажные, тяжёлые, низкие, перелётные, дождевые;

пруд, берёза, дуб, ива, тополь;

заяц, белка, поляна, журавли, гуси;

шелестят, моросит, шуршат, опадают, кружатся;

колос, урожай, борозда, последние, серп

**ЗАДАНИЕ 6.**

**А. Подберите существительные, с которыми могут сочетаться прилагательные.**

влажные, мокрые, низкие, перелётные, сухие, сырой, тяжёлые

**Б. С получившимися словосочетаниями составьте 5 предложений.**

**ЗАДАНИЕ 7.**

**А. Подберите существительные, с которыми могут использоваться глаголы.**

моросит, облетают, опадают, опустели, собирать, теряют, увядают, улетают, умолкли, шелестят, шуршат

**Б. Используя эти глаголы, составьте небольшой текст «Вот и наступила осень».**

**ЗАДАНИЕ 8.**

Что из схемы «Слова осени» вы уже использовали в своём описании картины В.Д. Поленова «Золотая осень»? Дополните описание, используя новые слова.

**ЗАДАНИЕ 9.**

**А. Назовите цвета в схеме «Краски осени».**

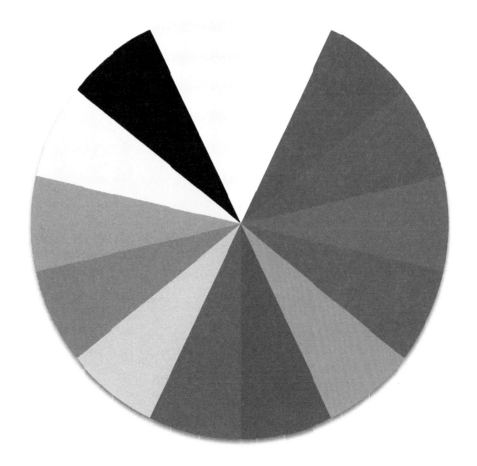

Схема «Краски осени»

**Б. Прочитайте слова. Впишите их в схему «Краски осени».**

багряный (ярко-красный)

И.А. Бунин. Листопад

белый
голубой
гранатовый (яркий тёмно-красный, цвета граната)
жёлтый
зелёный
красный
лазурный (светло-синий, небесно-голубой)
лиловый (светло-фиолетовый)
серый
синий
сиреневый (бледно-лиловый, цвета сирени)
фиолетовый
чёрный

## ЗАДАНИЕ 10.

**А. Образуйте слова со значением «оттенок цвета, слегка ...»:**

◆ с помощью суффикса -оват-

жёлтый    —
красный   —
зелёный   —
тёмный    —

С.Т. Аксаков. Осень

◆ с помощью суффикса -ист-

золотой —
серебряный —

Н.А. Заболоцкий. Сентябрь

**Б. Добавьте получившиеся прилагательные в схему «Краски осени».**

## ЗАДАНИЕ 11.

Заполните таблицу «Краски осени». Обратите внимание, что слова, выделенные *курсивом*, в русском языке используются редко, но вы их встретите, когда будете читать произведения русской литературы.

### Таблица «Краски осени»

| Прилагательное | Глагол | Причастие, наст. вр. | Причастие, прош. вр. | Существительное |
|---|---|---|---|---|
| | | | | синева |
| | | | | белизна |
| | | | | желтизна |
| | | | | краснота |
| | | | | чернота |
| | | | | темнота |
| | | | | свет |
| — | | | | сияние |
| блестящий | | — | — | — |
| — | | блистающий | — | |
| пёстрый | | — | — | пестрота |
| багровый багряный | — | — | — | *багрец* |
| *лазоревый* лазурный | — — | — — | — — | лазурь |

## ЗАДАНИЕ 12.

**А. Подберите как можно больше определений к следующим словам и словосочетаниям.**

листья клёна ...........................................................................................................................

листья берёзы ........................................................................................................................

листья дуба .............................................................................................................................

ель ............................................................................................................................................

ягоды рябины .........................................................................................................................

небо в ясную погоду .............................................................................................................

небо в пасмурную погоду ....................................................................................................

тучи ..........................................................................................................................................

облака ......................................................................................................................................

туман .......................................................................................................................................

поле ..........................................................................................................................................

увядшие листья .....................................................................................................................

пруд .........................................................................................................................................

луч солнца ..............................................................................................................................

**Б. Используя получившиеся словосочетания, напишите рассказ о том, как вы гуляли в осеннем парке.**

**ЗАДАНИЕ 13.**
**А. Решите кроссворд.**

1. Идёт мелкий дождь (*глаг.*). 2. Дерево с оранжево-красными ягодами. 3. Инструмент для срезания колосьев или травы. 4. Руки деревьев. 5. Листья намоченные дождём (*прил.*). 6. Туман, темнота. 7. Светло-фиолетовый. 8. Узкая полоса света. 9. Сеть, которую плетёт паук. 10. Бледно-лиловый. 11. Небольшое озеро. 12. Птицы с длинными ногами, шеей и клювом. 13. Светло-синий, небесно-голубой. 14. Ярко-красный. 15. Часть цветка. 16. Существительное от слова *красный*. 17. Небольшое поле в лесу, с травой, дикими цветами, ягодами. 18. Сильный дождь. 19. Листья (вместе). 20. Сухие листья издают тихие звуки под ногами человека (*глаг.*).

**Составьте свой кроссворд на тему «Осень», решите кроссворды друг друга.**

**ЗАДАНИЕ 14.**
**Б. В каких произведениях русских писателей встречаются слова из заданий 9–11?** Перечитайте части В и Г, найдите в художественных текстах цветовые прилагательные. Напротив прилагательных в заданиях 9–11 напишите фамилию автора и название произведения, в котором вы встретили это слово. Примеры выделены в заданиях <u>подчёркиванием.</u>

**ЗАДАНИЕ 15.**
**А.** Какое настроение у вас вызывает осень? Подумайте о разных чувствах, связанных с осенью, запишите их в схеме «Настроения осени».

Схема «Настроения осени»

**Б.** Дополняйте схему, читая произведения русских писателей об осени.

Кто больше? Рассмотрите картину Ивана Ивановича Шишкина «Ранняя осень». В группах подберите как можно больше слов со значениями «настроение», «чувство», «эмоции», «цвет», «природа».

И.И. Шишкин. Ранняя осень. 1889

| Настроения, чувства, эмоции | Цвет | Природа |
|---|---|---|
| | | |
| | | |
| | | |
| | | |
| | | |
| | | |

**А.** Прочитайте заметку о русском лесе. Расскажите, что нового вы узнали о нём.

## Лес

Лес занимает 45% территории России. Русский лес часто *смешанный*, то есть в нём растут разные деревья. Но бывают и такие леса, где растут только хвойные (ели и сосны) или только лиственные (с листьями: берёзы, дубы, клёны и др.) деревья. Лес, где растут только лиственные деревья, называется *роща*; лес, где растут только сосны, — *бор*. Часть леса, где настолько много деревьев, что трудно или почти невозможно ходить, называется *чаща*.

Русская традиционная жизнь во многом была связана с лесом. Лес кормил, одевал, обогревал, спасал от врагов. Из лесных деревьев делали дома, мебель, посуду, игрушки и даже обувь. В лесу люди собирали ягоды и грибы. Из лесных трав и цветов делали лекарства.

Во многих русских сказках действие происходит в лесу. Там живут злые и добрые существа, там стоит избушка (деревянный дом), в котором живёт Баба-Яга.

Трудно найти такого русского писателя, который бы не писал о лесе. О лесе писали А.С. Пушкин, И.А. Бунин, И.С. Тургенев. На своих картинах художники И.И. Шишкин, И.И. Левитан, А.И. Куинджи изображали красоту леса.

*(По материалам «Большого лингвострановедческого словаря "Россия"»)*

**Б.** Расскажите, какую роль играет лес в культуре вашей страны.

ЗАДАНИЕ 18.

Найдите в этом пособии заметки об осенней природе в России. Выберите одну из них, дополните своей информацией. Подготовьте сообщение-презентацию.

# Часть Б

# От золотой до глубокой осени

**ЗАДАНИЕ 1.**
Заполните пропуски в предложениях подходящими по смыслу словами в соответствующей грамматической форме.

1. В ювелирном магазине можно купить украшения из золота: ............................ серьги, цепочки и кольца. 2. Самая ............................ река в России — Енисей, а в мире самая ............................ река — Конго, которая протекает в Африке. 3. Сегодня мы обедали в столовой, взяли там ............................ суп и картошку с мясом. 4. — Почему собака ............................ ? — Не знаю, наверное, надо отвезти её к ветеринару. 5. Обычно в путешествие я беру с собой много вещей, у меня всегда ............................ чемодан. 6. В йоге большое внимание уделяют правильному ............................ .

**Слова для справок:** грибной, золотой, тяжёлый, дыхание, выть, глубокий.

**ЗАДАНИЕ 2.**
Прочитайте слова, описывающие характер или действия человека. Как вы думаете, какие из них можно использовать для описания неба, солнца, ветра, погоды?

хмурый

ласковый

угрюмый

суровый

мягкий

злой

добрый

приходить

дышать

ударять

улыбаться

плакать

**ЗАДАНИЕ 3.**
**Прочитайте словосочетания. Какие из них могут использоваться для описания осени?**

золотая осень; бабье лето; суровая зима; дружная весна; золотые листья; золотой листопад; глубокая осень; грибной дождь; хмурое небо; ласковое солнце; разгар лета; тяжёлые тучи; дыхание осени; дыхание зимы; ударили морозы; воет буря; лес обнажился; приближается осень; стоит осень; идёт дождь; пошёл / пришёл / прошёл дождь

> *Что такое словесный образ?*
> **Словесный образ** — слово, словосочетание или фраза, в которых сопоставляются понятия, не совместимые с логической точки зрения.

**ЗАДАНИЕ 4.**
**Прочитайте текст. Заполните пропуски, используя словесные образы из задания 3.**

Конец сентября — начало октября называются «............................ лето», потому что это время, когда женщины могли наконец отдохнуть от работы в поле и погреться в последних лучах солнышка. Время, когда листья деревьев становятся жёлтыми, красными, коричневыми, называется «............................ осень». Часто в это время ещё светит тёплое, ............................ солнце. Когда разноцветные листья падают с деревьев, начинается ............................ листопад.

Но вскоре небо становится ............................ , с утра до вечера его закрывают ............................ тучи, ............................ холодный дождь. По ночам дует сильный ветер, ............................ буря. Поздней, осенью бывает настолько холодно, что чувствуется ............................ зимы.

**ЗАДАНИЕ 5.**
**Соедините словесный образ из левого столбца с его значением в правом столбце.**

1. Бабье лето

2. Грибной дождь

3. Золотая осень

4. Хмурое небо

5. Ласковое солнце

6. Тяжёлые тучи

7. Дыхание зимы

8. Золотой листопад

9. Воет буря

10. Глубокая осень

а) осенняя пора, когда листья на деревьях становятся разноцветными: жёлтыми, красными, коричневыми

б) воздух такой влажный и холодный, что ощущается приближение зимы

в) большие, тёмные облака, несущие дождь, снег или град

г) тёплые солнечные дни в начале осени

д) тёплый и мелкий дождь, идущий при свете солнца

е) пасмурное небо, покрытое тёмными облаками, тучами

ё) тёплое, приятное солнце

ж) конец осени, поздняя осень

з) разноцветные листья опадают с деревьев

и) монотонный звук ветра, бури, похожий на вой собаки или волка.

**ЗАДАНИЕ 6.**
**Прочитайте предложения. Объясните значения выделенных слов.**

I. 1. Он шёл всё быстрее, поглядывая на **золотые** часы, посмеиваясь и волнуясь (В.В. Набоков. Картофельный эльф). 2. И тут уж осень **золотая** / Легонько постучит в окно, / Колебля воздух и глотая / Рябины лёгкое вино (Д. Самойлов. Колорит). 3. А осенний, ясный, немножко холодный, утром морозный день, когда берёза, словно сказочное дерево, вся **золотая**, красиво рисуется на бледно-голубом небе, когда низкое солнце уж не греет, но блестит ярче летнего... (И.С. Тургенев. Лес и степь).

II. 1. Ел картошки с подсолнечным маслом и солёными огурцами, щи с **грибной** подливкой, пшённую кашу (И.А. Бунин. Деревня). 2. Богатый это был берег: ягодный, травный, **грибной**... (В. Распутин. Живи и помни). 3. Плакала она смешно, слёзы текли по щекам сквозь улыбку, как «**грибной** дождь сквозь солнце» (М. Горький. Жизнь Клима Самгина).

III. 1. Служба, видимо, не удовлетворяла его; часто он возвращался с работы раздражённый и **хмурый** и мрачно шагал по своему кабинету, и тогда все говорили: «Он не в духе», — и не смели заговаривать с ним (К.И. Чуковский. Борис Житков). 2. Над этой печальной картиной висело не менее печальное хмурое небо (М.Е. Салтыков-Щедрин. Дневник провинциала в Петербурге). 3. **Хмурый** день с нависшими неподвижными тучами, как глубокой осенью, ни тепло, ни холодно (М.М. Пришвин. Дневники).

IV. 1. Нравилась его внешность, нравилось его внимательное, **ласковое** отношение к людям (Н.А. Тэффи. Моя летопись). 2. Мне захотелось сказать ему ласковое слово (А.П. Чехов. Драма на охоте). 3. Там солнце, **ласковое** и нежное, не дышит зноем, и его сияние сливается с прохладой ветров (Н.С. Гумилёв. Принцесса Зара).

V. 1. Ночь была адская. Волки **выли** вдали целою стаей. И самый лай собачий был как-то страшен (Н.В. Гоголь. Вий). 2. Зима была вялая, без морозов, с мокрым снегом; под Крещенье, например, всю ночь ветер жалобно **выл** по-осеннему, и текло с крыш... (А.П. Чехов. Учитель словесности). 3. И деревья так стонали и **выли** на всё Блудово болото, как живые существа, что лисичка... поднимала вверх свою острую мордочку (М.М. Пришвин. Кладовая солнца).

VI. 1. Но вот перед ним река с крутыми берегами, узкая, но **глубокая** река (И.С. Тургенев. Стихотворения в прозе. I. Senilia). 2. Стояла **глубокая** осень. Ветер срывал последние листья с дубов (Д. Гранин. Искатели). 3. Была **глубокая** ночь, тёмная, облачная, безлунная и ветреная (А.И. Куприн. Морская болезнь).

VII. 1. Крепкие, молодые руки его были закинуты за голову и **обнажились** почти до локтя... (Л.Н. Андреев. В тумане). 2. Поздняя осень. Грачи улетели, / Лес **обнажился**, поля опустели... (Н.А. Некрасов. Несжатая полоса). 3. Зубы Фелицаты Егоровны **обнажились** широкой и насмешливой улыбкой (М. Горький. Трое).

VIII. 1. Сонечка, опустив руки, **стояла** перед ним, точно виноватая... (Л.Н. Толстой. Отрочество). 2. Тогда **стояла** осень со своею грустно-сырою погодою, грязью и туманом (Н.В. Гоголь. Повесть о том, как поссорился Иван Иванович с Иваном Никифоровичем). 3. Погода **стояла** бурная, ненастная; мелкий дождь падал пополам со снегом; холодный ветер гудел протяжно в отдалённых полях и равнинах... (Д.В. Григорович. Бобыль).

---

*Как понять словесный образ?*
Необходимо сначала определить, является ли слово, словосочетание или фраза словесным образом. Все ли слова здесь употреблены в прямом значении?

Сравните:
*глубокая река* — не словесный образ, слова употреблены в прямом значении;

*глубокая осень* — словесный образ, слово *глубокая* употребленоне в прямом, а в переносном значении.

**ЗАДАНИЕ 7.**
**Вместо пропусков вставьте слова или словосочетания из задания 3 в форме соответствующего падежа.**

1. Бабье лето прошло. Стояли ясные дни ..................... осени (Б.Л. Пастернак. Доктор Живаго). 2. А на улице его ждало солнце, такое ..................... (А. Успенский. Переподготовка). 3. Погода уже несколько дней стояла тихая, ясная, с лёгкими заморозками по утрам — так называемое ..................... лето (Л.Н. Толстой. Война и мир). 4. Вдруг из тучи косо посыпался крупный, сверкающий на солнце ..................... дождь (Б.Л. Пастернак. Доктор Живаго). 5. Стояла ..................... осень. Дороги испортились от дождя, лившего целыми днями (Д.С. Мережковский. Смерть богов. Юлиан Отступник). 6. Правда, был очень сильный, почти штормовой ветер с моря: всю ночь он ..................... в трубах... (Л.Н. Андреев. Он).

**ЗАДАНИЕ 8.**
**Послушайте «Осеннюю песню» П.И. Чайковского из цикла «Времена года»[1]. Опишите, что вы представили себе, слушая эту музыку. В своём рассказе используйте новые слова и словосочетания, которые вы узнали, выполняя предыдущие задания.**

**ЗАДАНИЕ 9.**
**Прочитайте заметку о картине И.И. Левитана «Золотая осень». Расскажите, что нового вы узнали о ней.**

### И.И. Левитан. Золотая осень

На картине Исаака Ильича Левитана «Золотая осень» изображена берёзовая роща на берегу реки в ясный солнечный день, когда красные и жёлтые листья на деревьях кажутся золотыми.

Эту картину знают все русские люди, потому что раньше она была на обложке школьного учебника по чтению и до сих пор её можно увидеть в книгах для школьников. Нередко, слыша фамилию художника, русские вспоминают именно об этой картине.

В русском языке часто выражение **золотая осень** описывает природу, похожую на ту, которая изображена на картине И.И. Левитана.

Картину можно увидеть в Третьяковской галерее, в Москве.

*(По материалам «Большого лингвострановедческого словаря "Россия"»)*

[1] Рекомендуемая ссылка: http://tvkultura.ru/ video/show/brand_id/59446/episode_id/1200739/

И.И. Левитан. Золотая осень. 1895

**ЗАДАНИЕ 10.**

Расскажите о пейзаже своего любимого художника. Опишите его так, чтобы другие студенты тоже полюбили эту картину.

**ЗАДАНИЕ 11.**

Напишите своему другу письмо, расскажите в нём о русской осени и о том, чем отличается осень в России от осени в вашем городе и в вашей стране. В своём письме используйте слова и выражения, которые вы узнали, выполняя предыдущие задания.

# Часть B

# Осень в лесу

## С.Т. Аксаков. Осень

Представьте, что вы пошли в поход с палатками и заночевали в лесу. Вы проснулись ранним утром. Что вы видите? Что слышите? Что чувствуете? Какие у вас возникают мысли?

Подготовьте небольшой текст для своего блога, чтобы рассказать друзьям о впечатлениях. Прокомментируйте сообщения своих друзей.

**ЗАДАНИЕ 1.**
**Прочитайте слова, обращая внимание на произношение звуков /с/ и /с'/.**

са́мый, сады́, сохраня́ть, со́лнце, сухо́й, сыро́й, косо́й, невысо́кий, сосна́, слы́шно, стано́вятся, ста́рый, ступа́ть, выступа́ть, краснова́тый, осторо́жно, расстоя́ние, о́сень, осе́нний, се́рый, леса́, лесно́й, древе́сный, челове́ческий, блиста́ющий, у́стлан, ли́стья, ше́лест, вся́кий, ни́зкий, сквозь, насквозь

**ЗАДАНИЕ 2.**
**Вспомните правила чтения буквы е в зависимости от позиции в слове:**
• под ударением;
• в первом предударном слоге;
• без ударения:
> • в начале слова;
> • после гласных;
> • после согласных, в том числе после /ж/, /ш/, /ц/.

**В соответствии с правилами прочитайте следующие слова:**

сеть, се́рый, ме́лкий, не́бо, ле́том, ве́тви, ве́чно, зве́ри, осе́нний, де́рево, леса́, лесно́й, земля́, ветве́й, легко́, дере́вья, древе́сный, берёзки, берёзовый, зелёный, облете́ли, далеко́, не проника́л, невысо́кого, о́сень, в ча́ще, осе́ннего, ель, е́ли, е́сли, ещё, ело́вый, се́рое, косы́е, молоды́е, тяжёлые, зелёные, вла́жные, ста́рые, отде́льные, увя́дшие, блиста́ющие, осторо́жные, ше́лест, желтова́тый, тя́жесть

## ЗАДАНИЕ 3.

### Проверьте, помните ли вы

◆ **слова в прямом значении:**

облака, сад, роща, лес, чаща, ветви, берёза, ель, сосна, шелестеть (шелестят листья), сухой, мокрый, сырой, листья, воздух, туман, луч, заяц, белка (**часть А**, схема «Слова осени»); серый, желтоватый, красноватый, блистающий (**часть А**, схема и таблица «Краски осени»);

◆ **словесные образы:**

глубокая осень, золотая осень, золотой листопад, золотые листья, тяжёлые тучи (**часть Б**)

## ЗАДАНИЕ 4.

### А. Подберите однокоренные слова к следующим словам:

берёзовый, вечно, видно, слышно, влажный, древесный, ель, желтоватый, зверолов, зверьки, красноватый, лесной, облететь, прыжки, помолодевший, увядший, человеческий, ярко, ночной, освежённый, вскакивать

**Слова для справок:** лес, слышать, прыгать, влага, ловить, молодой, скакать, век, дерево, ночь, ёлка, человек, жёлтый, зверь, красный, видеть, лететь, свежий, берёза, вянуть, яркий.

### Б. Составьте 7 словосочетаний, используя эти слова.

## ЗАДАНИЕ 5.

### Соедините слова, близкие по значению.

| | |
|---|---|
| охотник | прыгать |
| шелест | сырой |
| шагать | любой |
| влажный | шорох |
| скакать | зверолов |
| всякий | ступать |

## ЗАДАНИЕ 6.

### Соедините слова, противоположные по значению.

| | |
|---|---|
| влажный | тусклый |
| низкий | жёсткий |
| тяжёлый | начинающий |
| старый | высокий |
| яркий | прямой |
| мягкий | лёгкий |
| мелкий | сухой |
| опытный | глубокий |
| косой | молодой |

**ЗАДАНИЕ 7.**

**В каждой строке вычеркните лишнее по смыслу слово.**

разноцветный, желтоватый, косой, красноватый, золотой;

шорох, слышны, прозрачны, шелест, тихо;

сады, лучи, рощи, леса, чаща;

дождь, пар, влажный, сырой, тронуть;

сосны, зайцы, белки, звери, птицы

**ЗАДАНИЕ 8.**

**Разделите следующие причастия на активные (действительные) и пассивные (страдательные). От каких глаголов они образованы?**

увядшие, различаемые, блистающие, освежённые, помолодевшие, ступающие, устлана

..................................................  ..................................................

..................................................  ..................................................

..................................................  ..................................................

..................................................  ..................................................

**ЗАДАНИЕ 9.**

**В предложениях найдите причастный оборот и поставьте его на место перед определяемым словом, обратите внимание на пунктуацию.**

*Образец*: Лес небольших размеров, |*состоящий из лиственных деревьев*|, называется рощей. — |*Состоящий из лиственных деревьев*| лес небольших размеров называется рощей.

1. Молодые берёзки сохраняют ещё свои **листья**, увядшие и желтоватые. 2. Молодые берёзки сохраняют ещё свои **листья**, блистающие золотом на солнце. 3. Выступают **ели** и **сосны**, помолодевшие от холодного воздуха, дождей и туманов. 4. Выступают **ели** и **сосны**, освежённые холодным воздухом, дождями и туманами. 5. Не слышно шелеста от ног **охотника**, осторожно ступающего по листьям. 6. В тихом воздухе слышны на большом расстоянии **прыжки** лесных зверьков, легко различаемые опытным и чутким ухом зверолова.

Прочитайте текст Сергея Тимофеевича Аксакова. Рассмотрите картины И.И. Левитана «Золотая осень» (см. выше), «В лесу осенью» и «Осень, 1896». Какой пейзаж больше подходит для иллюстрации текста С.Т. Аксакова?

И.И. Левитан. В лесу осенью. 1894

Осень, глубокая осень! Серое небо, низкие, тяжёлые, влажные облака; голы и прозрачны становятся сады, рощи и леса. Всё видно насквозь в самой глухой древесной чаще, куда летом не проникал глаз человеческий. Старые деревья давно облетели, и только молодые отдельные берёзки сохраняют ещё свои увядшие желтоватые листья, блистающие золотом, когда тронут их косые лучи невысокого осеннего солнца. Ярко выступают сквозь красноватую сеть берёзовых ветвей вечно зелёные, как будто помолодевшие ели или сосны, освежённые холодным воздухом, мелкими, как пар, дождями и влажными ночными туманами. Устлана земля сухими, разновидными и разноцветными листьями: мягкими и пухлыми в сырую погоду, так что не слышно шелеста от ног осторожно ступающего охотника, и жёсткими, хрупкими в морозы, так что далеко вскакивают птицы и звери от шороха человеческих шагов. Если тихо в воздухе, то слышны на большом расстоянии осторожные прыжки зайца и белки и всяких лесных зверьков, легко различаемые опытным и чутким ухом зверолова.

*С.Т. Аксаков, 1858*

И.И. Левитан. Осень, 1896

**ЗАДАНИЕ 11.**
**Подтвердите или опровергните (скажите «да» или «нет») следующие высказывания о содержании текста.**

В тексте описывается золотая осень.

Осенью в лесу ничего не видно из-за тумана.

Когда светит солнце, листья на деревьях кажутся золотыми.

Листья на молодых берёзах ещё зелёные.

Воздух в лесу влажный от дождей и тумана.

На земле лежат опавшие листья.

Описание ведётся от лица рыболова.

**ЗАДАНИЕ 12.**
**Выделите в предложениях текста субъекты (подлежащие) и предикаты (сказуемые). Найдите предложения, в которых не выражен субъект или предикат.**

**ЗАДАНИЕ 13.**
**Вычеркните те элементы пейзажа, которые не описаны в тексте.**

небо, облака, сады, клёны, рощи, леса, чаща, деревья, река, берёзки, листья, солнце, цветы, ветви, ели, лужи, сосны, воздух, озеро, дождь, туманы

---

*Как понять словесный образ?*

Для того чтобы понять, в каком значении, прямом или переносном, употреблено слово во фразе, необходимо, во-первых, уточнить прямое значение слова с помощью толкового словаря. Первое значение слова в словаре — прямое. Во-вторых, нужно проверить, согласуется ли прямое значение слова с прямыми значениями других слов во фразе. Если да, то слово здесь использовано в прямом значении. Если вы видите рассогласование, нарушение логики, противоречие, то, скорее всего, это словесный образ.

Сравните:

*глубокая река*: глубокий — «имеющий значительное протяжение от *поверхности* или от верхнего края *до дна*, большую глубину» (БАС); река — «постоянный водоём с естественным течением воды» (БАС); у водоёма есть поверхность и дно, следовательно, у него есть глубина, которую можно измерить, и он может быть глубоким; рассогласования между значениями нет;

*глубокая осень*: осень — «одно из четырёх *времён* года, между летом и зимой» (БАС); у времени в прямом смысле нет поверхности и дна; следовательно, у него не может быть глубины, и оно не может быть глубоким; следовательно, здесь есть противоречие, рассогласование между значениями, и это словесный образ.

**Выпишите из текста словосочетания с существительными из предыдущего задания (кроме вычеркнутых существительных). В каких из них слова использованы в прямом значении, а в каких — в образном?**

**ЗАДАНИЕ 15.**

**Опираясь на текст, продолжите следующие сравнения:**

листья, блистающие как ......................................................................................................

дожди мелкие, как ............................................................................................................

ветви берёз без листьев похожи на ..................................................................................

ели и сосны после дождя яркие, как будто .............................................................. и

..........................................................................................................................................

**ЗАДАНИЕ 16.**

**Опираясь на текст, восстановите причинно-следственную связь в следующих предложениях:**

1. Серые облака несут дождь, поэтому они кажутся ......................................................

и .................................................. .

2. Листья на деревьях облетели, поэтому сады, рощи и леса кажутся

.................................................. и .................................................. .

3. После дождей и туманов на деревьях остаются капли, поэтому ели и берёзы кажутся .................................................. и .................................................. .

4. В сырую погоду листья становятся влажными, поэтому ...........................................

.................................................. .

5. В морозную погоду листья становятся жёсткими, поэтому .......................................

.................................................. .

6. В тихий день слышны все звуки, поэтому .................................................. .

**ЗАДАНИЕ 17.**

**А. Прочитайте фрагменты из текста.**

1) куда летом не проникал глаз человеческий;
2) старые деревья давно облетели;
3) шелест от ног осторожно ступающего охотника;
4) шорох человеческих шагов;
5) слышны прыжки всяких лесных зверьков;
6) легко различаемые опытным и чутким ухом зверолова

**Б. Определите грамматический субъект в 1, 2, 5, главное слово в 3, 4, 6.**

**В. Кто или что на самом деле 1) не проникал в эту чащу; 2) облетело, опало с деревьев; 3) шелестит листьями; 4) издает шорох; 5) прыгает; 6) различает звуки?**

**ЗАДАНИЕ 18.**
**А. Как вы думаете, с чем или с кем сопоставляются:**

• **деревья,** если они «старые»;
• **берёзки,** если они «молодые»;
• **ели,** если они «помолодевшие» и «освежённые»;
• **берёзовые ветви,** если они создают «сеть»;
• **листья,** если они «устилают» землю;
• **лучи солнца,** если они «трогают» листья?

деревья → ..................................................................................................................

берёзки → ..................................................................................................................

ели → ..........................................................................................................................

ветви → .......................................................................................................................

листья → ....................................................................................................................

лучи → ........................................................................................................................

**Б. Почему автор делает такие сопоставления?**

---

*Как понять словесный образ?*
Чтобы понять словесный образ, необходимо выделить в нём элементы:
'X' — то, что сопоставляется;
'Y' — то, с чем сопоставляется;
→ — направление образного переноса.
Например:
*молодые берёзки*
'Берёзки → человек, люди (молодые)'
'X → Y'.

**ЗАДАНИЕ 19.**

Как вы думаете, какое настроение вызывает описываемый пейзаж у автора? Почему вы так думаете? Какое настроение создаётся у вас при чтении этого текста?

**ЗАДАНИЕ 20.**

Представьте себя на месте елей, которые, «освежённые» и «помолодевшие», радуются приходу осени, и берёз, которые потеряли свою листву. О чём ели и берёзы могли бы разговаривать? Составьте диалог между а) елями, б) берёзами, в) елями и берёзами.

**ЗАДАНИЕ 21.**

Перескажите текст С.Т. Аксакова так, чтобы в нём описывалась золотая осень. Используйте пейзаж И.И. Левитана «Золотая осень» (см. выше).

**ЗАДАНИЕ 22.**

Похожа ли природа глубокой осенью в России и в вашей стране? Какое настроение она у вас вызывает?

Обсудите с друзьями жизнь осенью в России.

Расскажите им о глубокой осени в вашем городе, в вашей стране.

Проиллюстрируйте свой рассказ фотографиями или картинами.

# И.А. Бунин. Листопад (отрывок)

На что похожи осенние деревья? Рассмотрите картину И.И. Шишкина «Осенний пейзаж. Парк в Павловске». Опишите пейзаж, подбирая сравнения для каждого элемента. Используйте слова «как», «словно», «будто», «точно», «как будто», «похож на...».

И.И. Шишкин. Осенний пейзаж. Парк в Павловске. 1888

**ЗАДАНИЕ 1.**

**Вспомните правила чтения сочетаний звонких и глухих согласных:**
• звонкий + звонкий;
• глухой + глухой;
• звонкий, кроме в, й, л, м, н, р + глухой;
• глухой + звонкий, кроме в, й, л, м, н, р.

**Прочитайте в соответствии с правилами.**

багря́ный, жёлтый, резьба́, темне́ть, здесь, игра́ет, двор, двора́, вдова́, в не́бо, в лесу́, в лазу́ри, в листве́, блестя́т, стена́, стои́т, вы́шка, расписно́й, пусто́й, ткань, лепесто́к, лист, ли́стик, как сеть;

над све́тлой, вступа́ет, в пёстрый, из серебра́, в си́ней, над со́лнечной;

шурша́нье, све́тлый, светло́, так светло́, просве́т, свой, как вы́шки, клён, после́дний, тепло́, расслы́шать, па́хнет, сосна́, возду́шный, среди́, пригре́тый, круго́м, листва́, сквозна́я, мёртвый, пёстрый.

**ЗАДАНИЕ 2.**

**Проверьте, помните ли вы**

◆ **слова в прямом значении:**
берёза, дуб, ель, клён, осина, рябина, сосна, лес, листва, листик, шуршать (листья шуршат), паутина, поляна (**часть А**, схема «Слова осени»); багряный, белый, блестеть, голубой, жёлтый, золотой, лазурь, лиловый, пёстрый, светлый, синий, синеть, темнеть (**часть А**, схема и таблица «Краски осени»);

◆ **словесные образы:**
золотые листья, золотая осень, золотой листопад (**часть Б**)

**ЗАДАНИЕ 3.**

**Соедините слова, близкие по значению.**

| | |
|---|---|
| точно | весь |
| вступает | входит |
| пёстрый | как, словно |
| целый | останавливается |
| замирает | разноцветный |
| молчанье | тишина |

**ЗАДАНИЕ 4.**

**Соедините слова, противоположные по значению.**

| | |
|---|---|
| светлеть | мокрый |
| высокий | мёртвый |
| день | мокнуть |
| сухой | ночь |
| сохнуть | темнеть |
| живой | низкий |

## ЗАДАНИЕ 5.

**А.** Подберите однокоренные слова.

высох, воздушный, блестят, вышина, вышка, ёлочки, кругом, молчанье, оконце, греть, резьба, сквозной, солнечный, шуршанье, просветы, пахнет

**Слова для справок:** блеск, вокруг, высокий, воздух, ель, запах, молчать, насквозь, окно, солнце, пригретый, свет, сохнуть, резать, шуршат.

**Б.** С некоторыми словами составьте 7 словосочетаний.

## ЗАДАНИЕ 6.

**А.** В каждой строке вычеркните лишнее по смыслу слово.

дочь, невеста, жена, зверолов, вдова;
охотник, удочка, сеть, рыболов, рыбалка;
бабочка, мотылёк, собака, муха, комар;
платье, ткань, юбка, рубашка, костюм

**Б.** Используя как можно больше этих слов, составьте 5 предложений.

## ЗАДАНИЕ 7.

**А.** Образуйте слова по схеме.

| глагол | → глагол с приставкой | → страдательное (пассивное) причастие |
|---|---|---|
| греть | → при... | → |
| ворожить | → за... | → |
| писать | → рас... | → |
| слышать | → рас... | → |

**Б.** Используя данные глаголы или получившиеся причастия, составьте небольшой текст «Однажды тёплым осенним днём...».

## ЗАДАНИЕ 8.

Раскройте скобки, употребляя слова в форме соответствующего падежа.

1. Лес стоит над (светлая поляна, *Т.п.*). 2. Берёзы блестят в (голубое небо, *П.п.*). 3. Просветы в (небо, *В.п.*) синеют между (клёны, *Т.п.*) в (сквозная листва, *П.п.*). 4. Лес пахнет (дуб и сосна, *Т.п.*), за лето он высох от (солнце, *Р.п.*). 5. Осень вступает в (пёстрый терем свой, *В.п.*). 6. Сегодня на (пустая поляна, *П.п.*) среди (широкий двор, *Р.п.*) блестят ткани (воздушная паутина, *Р.п.*). 7. Сегодня мотылёк целый день порхает во (двор, *П.п.*). 8. Мотылёк, пригретый (солнечное тепло, *Т.п.*), замирает на (паутина, *П.п.*). 9. Сегодня такое молчанье в (лес, *П.п.*) и в (синяя вышина, *П.п.*), что можно в (эта тишина, *П.п.*) расслышать (шуршанье, *В.п.*) (листик, *Р.п.*). 10. Лес, заворожённый (тишина, *Т.п.*), стоит над (солнечная поляна, *Т.п.*).

ЗАДАНИЕ 9.

**А.** Знаете ли вы, что такое терем? Прочитайте заметку о тереме. Расскажите, что нового вы узнали.

### Терем

Терем — это дом в виде башни или верхняя часть богатого дома. Терем украшали резьбой — узорами, рисунками, вырезанными из дерева. Он мог быть расписным, то есть раскрашенным красками, разрисованным цветными рисунками.

Здания такого типа были популярны в Древней Руси и в России до конца XVII в. Потом возникла мода на европейскую архитектуру, но уже в конце XVIII в. в России вернулся интерес к национальной истории, и терем стал символом старины и древнерусской архитектуры.

Терем часто упоминается в русских сказках: обычно в нём живут прекрасные царевны; злые колдуны прячут в тереме красавиц, но сказочные герои побеждают колдунов и спасают девушек.

Одна из самых известных детских сказок называется «Теремок». В ней рассказывается о том, как в теремке (маленьком тереме) поселились разные звери. В конце к ним пришёл медведь, он был такой большой, тяжёлый и неуклюжий, что когда попытался зайти в дом, сломал его. Известны слова из этой сказки: «Кто-кто в теремочке живёт? Кто-кто в невысоком живёт?»

В «Сказке о рыбаке и рыбке» А.С. Пушкина старуха просит у золотой рыбки высокий терем как знак богатства и высокого социального положения.

*(По материалам «Большого*
*лингвострановедческого словаря "Россия"»)*

Фото: http://kelohouse.ru/images/terem-kyptsa/27.jpg

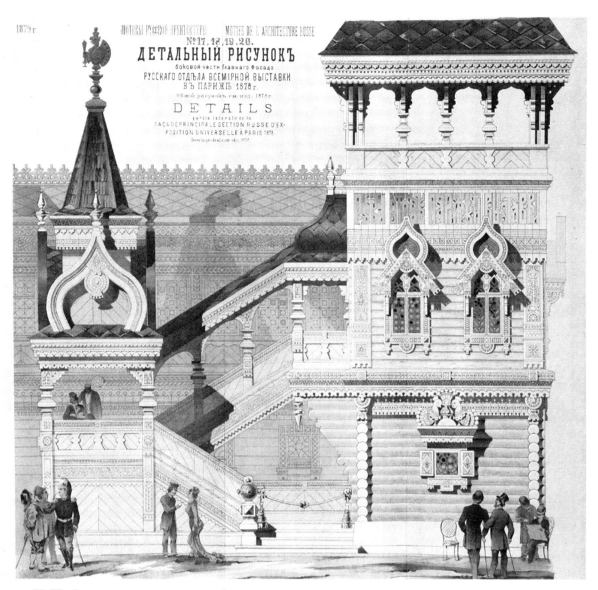

И.П. Ропет, архитектор. Эскиз павильона Русского отдела на Всемирной выставке в Париже. 1878. Боковая часть главного фасада

**Б. Расскажите о домах, характерных для вашей культуры.**

Прочитайте отрывок из стихотворения Ивана Алексеевича Бунина «Листопад». На какие части можно его разделить? Почему?

## Листопад

Лес, точно терем расписной,
Лиловый, золотой, багряный,
Весёлой, пёстрою стеной
Стоит над светлою поляной.
Берёзы жёлтою резьбой
Блестят в лазури голубой,
Как вышки, ёлочки темнеют,
А между клёнами синеют
То там, то здесь в листве сквозной
Просветы в небо, что оконца.
Лес пахнет дубом и сосной,
За лето высох он от солнца,
И Осень тихою вдовой
Вступает в пёстрый терем свой.

Сегодня на пустой поляне,
Среди широкого двора,
Воздушной паутины ткани
Блестят, как сеть из серебра.
Сегодня целый день играет
В дворе последний мотылёк
И, точно белый лепесток,
На паутине замирает,
Пригретый солнечным теплом;
Сегодня так светло кругом,
Такое мёртвое молчанье
В лесу и в синей вышине,
Что можно в этой тишине
Расслышать листика шуршанье.
Лес, точно терем расписной,
Лиловый, золотой, багряный,
Стоит над солнечной поляной,
Заворожённый тишиной...

И.А. Бунин. 1900

**ЗАДАНИЕ 11.**

**Подтвердите или опровергните (скажите «да» или «нет») следующие высказывания о содержании текста.**

В стихотворении описывается глубокая осень.
Лес стоит у озера.
Берёзы уже жёлтые.

День пасмурный.

В лесу пахнет лиственными и хвойными деревьями.

Летают пёстрые бабочки.

В лесу так тихо, что можно услышать шелест листьев.

**ЗАДАНИЕ 12.**

**Вычеркните деревья, которые не упоминаются в тексте.**

берёза, дуб, ель, клён, осина, рябина, сосна

**ЗАДАНИЕ 13.**

**Выделите в тексте субъекты и предикаты. Сколько в нём простых предложений?**

**ЗАДАНИЕ 14.**

**А. Замените словесные образы со словами как, словно, будто, точно, что на конструкции с творительным падежом. Проверьте себя по тексту стихотворения.**

*Образец*: Листья, *словно пёстрые бабочки*, кружились в воздухе. —
       Листья *пёстрыми бабочками* кружились в воздухе.

Лес, как весёлая, пёстрая стена, стоит над светлою поляной. —

..................................................................................................................................

..................................................................................................................................

Берёзы, словно жёлтая резьба, блестят в лазури голубой. —

..................................................................................................................................

..................................................................................................................................

Осень, будто тихая вдова, вступает в терем свой —

..................................................................................................................................

..................................................................................................................................

**Б. Замените словесные образы с существительными в форме творительного падежа на конструкции со словами как, словно, будто, точно, что. Проверьте себя по тексту стихотворения.**

*Образец*: Листья *пёстрыми бабочками* кружились в воздухе. —
       Листья, *словно пёстрые бабочки*, кружились в воздухе.

Лес теремом расписным стоит над светлою поляной. —

..................................................................................................................................

..................................................................................................................................

Вышками ёлочки темнеют. —

.................................................................

.................................................................

Синеют просветы в небо оконцами. —

.................................................................

.................................................................

Ткани блестят сетью из серебра. —

.................................................................

.................................................................

Мотылёк белым лепестком замирает. —

.................................................................

.................................................................

**ЗАДАНИЕ 15.**

**А. Расположите описываемые явления в порядке их появления в тексте, написав их порядковый номер слева от слов или букв а), б), в), г), д). Выпишите словосочетания, в которых используются эти слова.**

☐ берёзы .......................................................... ☐

☐ вышина .......................................................... ☐

☐ ёлочки .......................................................... ☐

1 лес а) .......................................................... ⊞

      .................................................................

      .................................................................

    ☐ б) .......................................................... ☐

    ☐ в) ................... он ........................... ☐

    ☐ г) .......................................................... ☐

    ☐ д) .......................................................... ☐

☐ листва .......................................................... ☐

☐ листик .......................................................... ☐

☐ мотылёк .......................................................... ☐

      .................................................................

      .................................................................

      .................................................................

☐ молчанье ........................................................................................ ☐

☐ осень ........................................................................................ ☐

☐ паутина   а) ........................................................................ ☐

........................................................................................ ☐

б) ........................................................................ ☐

☐ поляна   а) ........................................................................ ☐

б) ........................................................................ ☐

☐ просветы ........................................................................ ☐

☐ тишина   а) ........................................................................ ☐

б) ........................................................................ ☐

**Б. Поставьте знак «–» рядом со словосочетаниями, в которых все слова употреблены в прямом значении, и знак «+» рядом со словосочетаниями, в которых есть словесный образ.**

**В. В словосочетаниях или фразах, которые вы отметили знаком «+» (словесные образы), где возможно, выделите элементы 'Y' (то, с чем сопоставляется). Слова, написанные слева, являются элементами 'X' (то, что сопоставляется).**

---

*Как понять словесный образ?*

Модель словесного образа, в которой отражены элементы 'X' (то, что сопоставляется), 'Y' (то, с чем сопоставляется) и → (направление переноса), называется *парадигмой*.

Например, для словесного образа «лес, точно терем расписной» парадигмой будет 'лес → терем' ('X → Y').

**ЗАДАНИЕ 16.**

**Рассмотрите схему словесных образов отрывка из стихотворения И.А. Бунина «Листопад». Рядом с парадигмами отметьте номер словесного образа из задания 15.**

**С помощью схемы проверьте, правильно ли вы выполнили задание 15. Если вы выполнили предыдущее задание не полностью, завершите его с помощью схемы.**

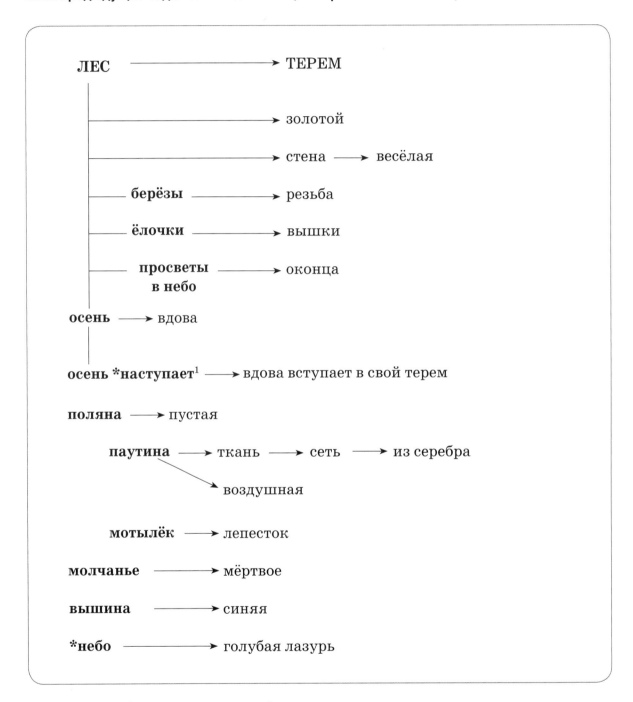

Схема словесных образов отрывка из стихотворения
И.А. Бунина «Листопад»

---

[1] Звездочки при словах означают элемент парадигмы, не названный прямо в тексте, логически восстановленный.

**ЗАДАНИЕ 17.**

**А.** Найдите словесные образы, связанные с парадигмой 'лес → терем'. Как вы думаете, почему поэт сравнивает лес с теремом? Опишите лес-терем, о котором идёт речь в стихотворении.

**Б.** Найдите словесные образы, описывающие поляну. Как вы думаете, почему автор назвал её пустой? Расскажите о том, что происходит на поляне.

**ЗАДАНИЕ 18.**

Выберите 7 словесных образов текста, которые понравились вам больше всего. Как вы думаете, почему элемент 'Х' в них сопоставляется с элементом 'Y'? Попробуйте объяснить смысл этих словесных образов вашим друзьям.

**ЗАДАНИЕ 19.**

Выполняя задание 10, вы разделили стихотворение И.А. Бунина на части. Какую часть вы бы использовали для своего описания осени? Почему? В группах обоснуйте свою точку зрения.

**ЗАДАНИЕ 20.**

Составьте диалог в следующей ситуации:

*Осень* хочет изменить свой дом (терем) и заказывает *Лесу* новый дизайн.

**ЗАДАНИЕ 21.**

**А.** Выполняя вторую часть задания 9, вы рассказывали о домах, характерных для вашей культуры. Опишите ещё раз это жилище, но теперь так, как будто это дом одного из времён года (осени, зимы, весны, лета). В своём описании используйте словесные образы.

**Б.** Опишите интерьер (внутреннюю часть) терема осени-вдовы. В своём описании используйте словесные образы.

# А.С. Пушкин. Уж небо осенью дышало...
## («Евгений Онегин», 4, XL)

Сравните две картины В.Д. Поленова: «Ока летом» и «Стынет. Осень на Оке близ Тарусы». Расскажите об изменениях, которые произошли в природе с наступлением осени.

В.Д. Поленов. Ока летом. 1890-е

В.Д. Поленов. Стынет. Осень на Оке близ Тарусы. 1893

**ЗАДАНИЕ 1.**
**Прочитайте слова, обращая внимание на произношение звуков /р/ и /л/.**

стоя́л, дыша́ло, обнажа́лась, ложи́лся, со́лнышко, станови́лся, тяну́л-ся, блиста́ло, лесо́в, печа́льным, поля́, дово́льно, коро́че, ре́же, крикли́вых, приближа́лась, ноя́брь

**ЗАДАНИЕ 2.**
**Прочитайте слова и словосочетания. Разделите их на две группы: со звонким /ж/ и с глухим /ш/. Какая группа оказалась больше?**

дыша́ло, со́лнышко, шум, обнажа́лась, ложи́лся, приближа́лась, уж, уж не́бо, уж ре́же, уж у двора́

**ЗАДАНИЕ 3.**
**Проверьте, помните ли вы**

◆ **слова в прямом значении:**

гуси, стая (**часть А**, схема «Слова осени»), блистать, сияние (**часть А**, таблица «Краски осени»);

◆ **словесные образы:**

дыхание зимы, дыхание осени, лес обнажился, приближается осень, стоит осень (**часть Б**)

**ЗАДАНИЕ 4.**
**Соедините слова, близкие по значению.**

| | |
|---|---|
| таинственный | время |
| печальный | сиять |
| блистать | загадочный |
| приближаться | грустный |
| пора | подходить |

**ЗАДАНИЕ 5.**
**Соедините слова, противоположные по значению.**

| | |
|---|---|
| реже | весёлый |
| короче | вставать |
| шум | длиннее |
| ложиться | север |
| юг | тишина |
| скучный | чаще |

**ЗАДАНИЕ 6.**
**Подберите однокоренные слова к следующим словам:**

дышать, солнышко, таинственный, крикливый, тянуться, приближаться

**Слова для справок:** близко, дыхание, кричать, растягиваться, солнце, тайна.

**ЗАДАНИЕ 7.**

**А. Прочитайте предложения, попробуйте догадаться о значении выделенных слов без помощи словаря.**

I. 1. Дядя этот жил постоянно в Петербурге и занимал **довольно** важное место (И.С. Тургенев. Ася). 2. В сентябре под Якутском было ещё **довольно** тепло, на реке ещё не было видно ни льдинки (В.Г. Короленко. Мороз).

II. 1. Пошёл Герасим с таким решением к воде и видит на песке следы, — как будто бы здесь прошёл **караван** на ослах и верблюдах... (Н.С. Лесков. Лев старца Герасима) 2. **Караван** отдыхает, смирно лежат верблюды; кругом пальмы растут целым кругом; все обедают (Ф.М. Достоевский. Преступление и наказание).

III. 1. Была морозная осенняя **пора** с ярким солнцем (Л.Н. Толстой. Крейцерова соната). 2. Прошла **пора** детских игр и юношеских увлечений, прошла **пора** жарких мечтаний и томительных, но сладостных надежд. Наступает **пора** благоразумия (М.Е. Салтыков-Щедрин. Губернские очерки).

IV. 1. Солнечные поляны с одинокими соснами и полевыми цветами, и снова **сень** могучих и, как нам казалось, тысячелетних лип (К.Г. Паустовский. Книга о жизни. Далёкие годы). 2. Пред ним стеной знакомый лес / Чернеет на краю небес; / Под **сень** дерев въезжает он: / Всё тихо, всюду мёртвый сон... (М.Ю. Лермонтов. Боярин Орша).

V. 1. Казалось, можно было уловить глазом, как они [листья] растут и дышат, как из влажной и тёплой земли **тянется** к солнцу трава (Л.Н. Андреев. Весной). 2. ...за ним **тянулся** длинный, бесконечно длинный товарный поезд (И.А. Бунин. На чужой стороне).

**Б. Соедините слова и их значения.**

| | |
|---|---|
| 1) сень | а) время, период |
| 2) тянуться | б) листья деревьев, под которыми можно укрыться (устаревшее, поэтическое) |
| 3) пора | в) в значительной степени |
| 4) довольно | г) группа вьючных животных (например, верблюдов или ослов), на которых перевозят груз в пустыне или степи |
| 5) караван | д) увеличиваться в длину или ширину; двигаться один за другим; медленно двигаться |

**ЗАДАНИЕ 8.**
**Раскройте скобки, поставив глагол в форму прошедшего времени.**

1. Небо (дышать) осенью. 2. Солнце (блистать) уже реже. 3. День (становиться) короче. 4. Леса (обнажаться) с шумом. 5. Туман (ложиться) на поля. 6. Гуси (тянуться) к югу. 7. Осень (приближаться). 8. Ноябрь (стоять).

**ЗАДАНИЕ 9.**
**Прочитайте отрывок из романа в стихах «Евгений Онегин» Александра Сергеевича Пушкина. Какие чувства вызывает у поэта осень? Почему вы так думаете?**

> Уж небо осенью дышало,
> Уж реже солнышко блистало,
> Короче становился день,
> Лесов таинственная сень
> С печальным шумом обнажалась,
> Ложился на поля туман,
> Гусей крикливых караван
> Тянулся к югу: приближалась
> Довольно скучная пора;
> Стоял ноябрь уж у двора.
> А.С. Пушкин. 1823–1831

**ЗАДАНИЕ 10.**
**Подтвердите или опровергните (скажите «да» или «нет») следующие высказывания о содержании текста.**

1. Осенью солнце уже не светит.
2. Деревья стоят без листьев.
3. В полях можно увидеть туман.
4. Гуси улетают в южные страны.
5. В ноябре прилетают (приближаются) птицы.

**ЗАДАНИЕ 11.**
**Расположите слова в том порядке, в котором они появляются в стихотворении.**

гуси, день, лес, небо, ноябрь, солнце, туман

**ЗАДАНИЕ 12.**
**Какие из существительных в задании 11 выступают в предложениях стихотворения в функции субъекта (подлежащего)?**

**ЗАДАНИЕ 13.**
**А. Найдите в стихотворении словесные образы, похожие по смыслу на следующие:**

дыхание осени —
лес обнажился (обнажался) —

стоит осень —
приближается осень —

**Б. Как вы думаете, почему поэт использовал именно такие словесные образы?**

*Как понять словесный образ?*

В словесном образе важно правильно определить направление переноса: что с чем сопоставляется; важно увидеть парадигму 'X → Y'.

Например:

«Уж небо осенью дышало»

'Осень → дыхание'

'X      → Y'

**ЗАДАНИЕ 14.**

**Определите направление переноса в следующих словесных образах:**

1. Уж небо осенью дышало:

   а) 'дыхание → осень'
   б) 'осень → дыхание'

2. С печальным шумом:

   а) 'шум → печаль'
   б) 'печаль → шум'

3. Гусей крикливых караван:

   а) 'стая гусей → караван'
   б) 'караван → стая гусей'

4. Приближалась пора:

   а) 'время → пространство'
   б) 'пространство → время'

5. Довольно скучная пора:

   а) 'скука → время'
   б) 'время → скука'

> *Как понять словесный образ?*
> В словесном образе элементы 'X' (то, что сопоставляется) и/или 'Y' (то, с чем сопоставляется) могут выражать **действие**.
> Например:
> «Уж небо осенью дышало»
> 'Небо     → дышало'
> 'X          → Y'

**ЗАДАНИЕ 15.**
Определите, какие действия выступают в роли элемента 'Y' (то, с чем сопоставляется) в следующих словесных образах:

уж небо осенью дышало; лесов таинственная сень с печальным шумом обнажалась; ложился на поля туман; гусей крикливых караван тянулся к югу; приближалась довольно скучная пора; стоял ноябрь уж у двора

**ЗАДАНИЕ 16.**
Как вы думаете, почему в большинстве словесных образов этого отрывка элементы 'Y' обозначают действие? Каким становится пейзаж с помощью таких образов?

**ЗАДАНИЕ 17.**
Почему пора, которая приближалась, была скучной? Что ещё в тексте подтверждает это впечатление?

**ЗАДАНИЕ 18.**
Сравните начало и конец отрывка. Как вы думаете, одно ли время описывается в нём? Почему вы так думаете?

**ЗАДАНИЕ 19.**
А. Вспомните момент, когда вам было скучно. Опишите его, используя в своём рассказе словосочетание «довольно скучная пора».
Б. Послушайте воспоминания ваших друзей о скучных моментах. Придумайте, как можно было сделать эти ситуации весёлыми, интересными.

**ЗАДАНИЕ 20.**
Составьте диалог, который мог бы происходить между гусями, улетающими на юг (например, гуси могли бы обсуждать, нужно ли им лететь на юг и почему).

# А.С. Пушкин. Осень (отрывок)

Придумайте рекламу осеннего отдыха. Убедите слушателей (зрителей) в том, что отдыхать осенью лучше, чем в любое другое время года.

**ЗАДАНИЕ 1.**

Вспомните правила чтения **а** после мягких согласных **ч** и **щ**, а также **я** в начале слова, после **ь** и гласных (правило «редукция /а/ после мягких согласных»). В соответствии с правилом прочитайте следующие слова:

проща́льная, очарова́нье, увяда́нье, в сеня́х, я, уны́лая, прия́тна, твоя́, седа́я, золота́я

**ЗАДАНИЕ 2.**

**Проверьте, помните ли вы**

◆ **слова в прямом значении:**

ветер, мгла, луч (**часть А**, схема «Слова осени»); багрец (**часть А**, схема «Краски осени»);

◆ **словесные образы:**

золотые листья, золотой листопад, лес обнажился (**часть Б**)

**ЗАДАНИЕ 3.**

**А.** Подберите однокоренные слова к следующим словам:

очарованье, прощальный, небеса, угроза, краса, увяданье, багрец, дыханье, отдалённый, волнистый, покрыт

**Слова для справок:** накрывать, чары, далеко, волны, прощаться, угрожать, дышать, багровый, красота, небо, вянуть.

**Б.** Составьте 5 предложений с некоторыми из этих слов.

**ЗАДАНИЕ 4.**
**Соедините слова, близкие по значению.**

| | |
|---|---|
| унылый | время |
| очи | печальный |
| пора | глаза |
| пышный | туман |
| мгла | нарядный |

**ЗАДАНИЕ 5.**
**Соедините слова, противоположные по значению.**

| | |
|---|---|
| свежий | здороваться |
| шум | тишина |
| увядать | душный |
| отдалённый | расцветать |
| редкий | жара |
| прощаться | частый |
| мороз | близкий |

**ЗАДАНИЕ 6.**
**Сгруппируйте слова по смыслу, дайте группам названия.**

унылый, багровый, пора, седой, приятный, золотой, любить, первый, очаровательный, красивый, редкий

**ЗАДАНИЕ 7.**
**А. Прочитайте предложения, объясните, почему в них употреблены существительные в форме родительного падежа. Вспомните основные значения родительного падежа.**

1. Вчера на небе было много туч. У меня в кармане сто рублей.
2. От блеска солнца всё вокруг кажется ярким и радостным. — Светит солнце, и поэтому всё вокруг кажется ярким и радостным.
3. Это книга моего друга.
4. Листья берёзы пожелтели.
5. Как хорошо, что сегодня нет дождя!
6. Разве может быть что-нибудь ярче солнца? — Разве может быть что-нибудь ярче, чем солнце?

**Б. Раскройте скобки, поставив существительное в форму родительного падежа.**

очарование (очи), увядание (природа), шум и дыхание (ветер), луч (солнце), угрозы (зима).

**В. Объясните использование родительного падежа в этих словосочетаниях. Значение какого словосочетания вызвало больше трудностей? Почему?**

**ЗАДАНИЕ 8.**

**Прочитайте отрывок из стихотворения Александра Сергеевича Пушкина «Осень». Прослушайте музыкальные пьесы «Сентябрь. Охота», «Октябрь. Осенняя песнь», «Ноябрь. На тройке» из цикла П.И. Чайковского «Времена года»[1]. Какая из них ближе по настроению к стихотворению А.С. Пушкина?**

### Осень

#### (Отрывок)

Унылая пора! Очей очарованье!
Приятна мне твоя прощальная краса —
Люблю я пышное природы ув яданье,
В багрец и в золото одетые леса,
В их сенях ветра шум и свежее дыханье,
И мглой волнистою покрыты небеса,
И редкий солнца луч, и первые морозы,
И отдалённые седой зимы угрозы.

А.С. Пушкин. 1833

**ЗАДАНИЕ 9.**

**Подтвердите или опровергните (скажите «да» или «нет») следующие высказывания о содержании стихотворения.**

В стихотворении описывается золотая осень.

Листья с деревьев уже опали.

Осенью природа увядает красиво.

В стихотворении описывается, как шумят волны на море.

Небо чистое, без облаков.

Иногда светит солнце.

Начинаются морозы, а это значит, что скоро наступит зима.

**ЗАДАНИЕ 10.**

**Прочитайте пары предложений. Сравните значения выделенных слов. В каких предложениях слова использованы в прямом значении, а в каких — в образном?**

1. Прапорщик ходил по канцелярии грустный, **унылый**, ничего не замечающий (М. Слоним. Лавровы). — **Унылая** пора! очей очарованье! (А.С. Пушкин. Осень). 2. Были ещё две княжны…, стройные, нарядно **одетые**, ни с кем не говорившие… (И.А. Гончаров Обломов). — …В багрец и в золото **одетые** леса (А.С. Пушкин. Осень). 3. Немного погодя, на аллее показался высокий мужчина с **седой** бородой и в соломенной шляпе (А.П. Чехов. Княгиня). — Люблю я пышное природы увяданье… / И отдалённые **седой** зимы угрозы (А.С. Пушкин. Осень).

---

[1] Рекомендуемые ссылки:

http://tvkultura.ru/video/show/brand_id/59446/episode_id/1200738/

http://tvkultura.ru/video/show/brand_id/59446/episode_id/1200739/

http://tvkultura.ru/video/show/brand_id/59446/episode_id/1200762/

**ЗАДАНИЕ 11.**
**Перечитайте текст. Что описывается при помощи следующих словосочетаний?**

одетые леса; ветра свежее дыханье; мгла волнистая; седая зима; зимы угрозы; в багрец и в золото (одетые леса); унылая пора; очей очарованье; твоя прощальная краса

---

*Как понять словесный образ?*

Иногда элемент 'X' (то, что сопоставляется) или 'Y' (то, с чем сопоставляется) может быть не назван в тексте.

Например:

«Приятна мне твоя прощальная краса»

'*Осень → краса'

'X → Y'

О том, что имеется в виду под 'X' или 'Y', читатель догадывается, находя «подсказки» в тексте.

---

**ЗАДАНИЕ 12.**
**С кем или чем можно сопоставить следующие объекты?**

• **леса**, если они одетые;
• **листья**, если леса в них одеты;
• **ветер**, если он дышит;
• **мгла**, если она волнистая;
• **зиму**, если она угрожает;
• **зиму**, если она седая

леса → ..............................................................................................................

листья → ..........................................................................................................

ветер → ............................................................................................................

мгла → ..............................................................................................................

зима → ..............................................................................................................

зима → ..............................................................................................................

**ЗАДАНИЕ 13.**

**К словесным образам в левом столбце подберите соответствующие им парадигмы из правого столбца.**

1. Унылая пора!

2. Очей очарованье!

3. Приятна мне твоя прощальная краса...

4. В багрец и в золото одетые леса...

5. ...ветра шум и свежее дыханье...

6. ...седой зимы...

7. ...зимы угрозы...

а) 'Зима → угрожает'

б) 'Ветер → дышит'

в) 'Осень → нечто отрицательное: унылая'

г) 'Зима → седая'

д) 'Осень → нечто положительное: приятная'

е) 'Листья → одежда'

ж) 'Осень → нечто положительное: очарованье'

---

*Как понять словесный образ?*

В словесном образе элементы 'X' (то, что сопоставляется) и/или 'Y' (то, с чем сопоставляется) могут обозначать свойство или «нечто», обладающее свойством: нечто отрицательное, нечто положительное.

Например:

[осень —] унылая пора

'*Осень → нечто отрицательное: унылая'

'X    → Y'.

---

**ЗАДАНИЕ 14.**

**А.** **Распределите слова и словосочетания, составляющие словесные образы, по соответствующим парадигмам.**

унылая пора; очей очарованье; приятна мне; прощальная; твоя краса; люблю; пышное; увяданье

| 'Осень → нечто отрицательное' | 'Осень → нечто положительное' |
| --- | --- |
| | |
| | |
| | |
| | |

| 'Осень → нечто отрицательное' | 'Осень → нечто положительное' |
| --- | --- |
| | |
| | |
| | |
| | |
| | |
| | |
| | |
| | |
| | |
| | |
| | |
| | |

**Б.** Сделайте вывод: как автор стихотворения относится к осени?

**В.** Дополните схему «Настроения осени» (часть А) новыми словами.

ЗАДАНИЕ 15.
**Рассмотрите схему словесных образов отрывка из стихотворения А.С. Пушкина «Осень». Опираясь на текст, заполните пропуски в схеме следующими словесными образами:**

унылая пора;

очей очарованье;

приятна мне;

твоя прощальная краса;

люблю я пышное природы увяданье;

в багрец и в золото одетые леса;

ветра шум и свежее дыханье;

и мглой волнистою покрыты небеса;

седой зимы угрозы

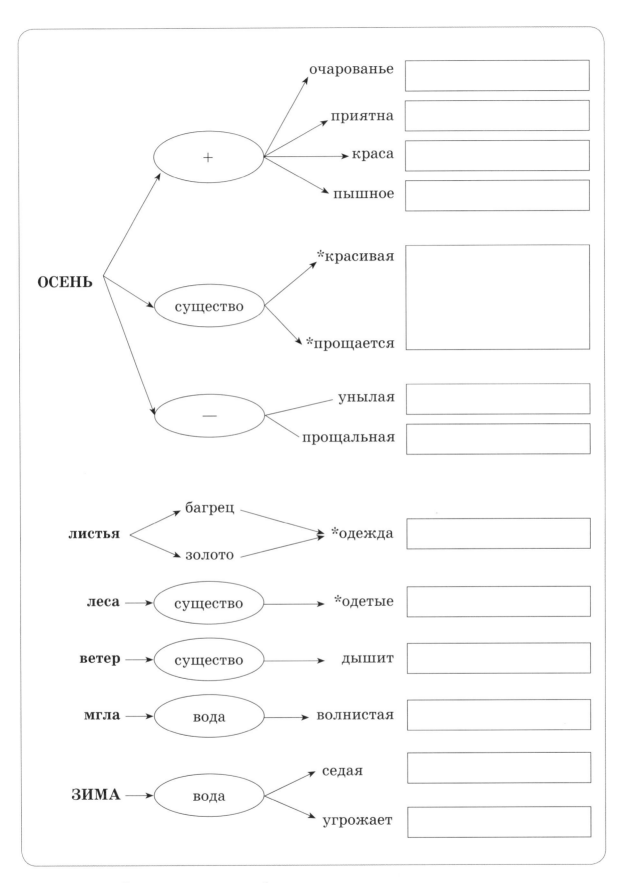

Схема словесных образов отрывка из стихотворения
А.С. Пушкина «Осень»

**ЗАДАНИЕ 16.**
**Найдите в схеме образы, с помощью которых природа описывается как живое существо.**

**ЗАДАНИЕ 17.**
**Как вы думаете,**

- Почему листья в стихотворении сопоставляются с одеждой? На какую одежду похожи осенние листья?
- Почему зима в стихотворении седая? На кого она похожа? Чем угрожает зима? Кому?
- В чём заключается очарование (красота, пышность) осени?
- Какие чувства вызывает осень у автора стихотворения? У читателей?

**ЗАДАНИЕ 18.**
**Составьте диалог в следующей ситуации:**

*Седая Зима* собирается прийти в лес, она обсуждает свои планы с *Морозами* и *Снежными тучами*.

**ЗАДАНИЕ 19.**
**Опишите своё любимое время года, используя образы 'время года → нечто отрицательное' и 'время года → нечто положительное'. Обсудите в группе, какое время года лучше. Обоснуйте свою точку зрения.**

**ЗАДАНИЕ 20.**
**А. На основе отрывков из романа в стихах «Евгений Онегин» и из стихотворения «Осень» сделайте вывод об отношении их автора к осени.**
**Б. Прочитайте заметку об осени в жизни А.С. Пушкина. Дополните её собственными выводами.**

## Пушкинская осень

Любимым временем года А.С. Пушкина была осень. С осенью у писателя были особенные отношения.

19 октября — день основания лицея в Царском Селе, где учился А.С. Пушкин. Став взрослыми, выпускники лицея отмечали эту дату каждый год в Санкт-Петербурге. Осенью 1825 г. А.С. Пушкин не смог приехать на встречу выпускников, так как должен был находиться в своём имении Михайловском, поэтому он написал стихотворение «19 октября», в котором обратился к своим друзьям. Это стихотворение начинается с описания осенней природы, окружавшей поэта в Михайловском:

Роняет лес багряный свой убор,
Сребрит мороз увянувшее поле…

Осень 1830 г. А.С. Пушкин провёл в имении Болдино. Этой осенью он писал роман в стихах «Евгений Онегин», циклы «Повести Белкина и «Маленькие трагедии», поэму «Домик в Коломне» и около 30 стихотворений. Этот период в жизни поэта известен как Болдинская осень. Были плодотворны и другие «болдинские осени» писателя: в 1833 и 1834 гг.

А.С. Пушкин писал об осени во многих своих произведениях. Осень вдохновляла поэта. В наше время любой человек может посетить места, природой которых был очарован А.С. Пушкин: Царское Село (г. Пушкин, Санкт-Петербург), Болдино (Нижегородская область), Михайловское (Псковская область).

В.Е. Попков. Осенние дожди. Пушкин. 1974

А. Мартынов. Вид на пруд и Камеронову галерею. Царское Село. 1815

# Ф.И. Тютчев. Есть в осени первоначальной...

Какое занятие вы считаете самым осенним? Чем вы обычно занимаетесь осенью? Чем люди занимались осенью раньше? Как вы думаете, чем они будут заниматься в будущем? Составьте проект «Что мы будем делать осенью через тридцать / сорок / пятьдесят лет», проведите презентацию проекта в группе.

**ЗАДАНИЕ 1.**
Образуйте форму множественного числа следующих существительных. Прочитайте получившиеся пары, обращая внимание на место ударения.

буря — ..., птица — ..., волос — ..., борозда — ..., день — ..., вечер — ..., поле — ..., дерево — ..., колос — ....

**ЗАДАНИЕ 2.**
Проверьте, помните ли вы прямые значения слов.

паутина, поле, серп, колос, борозда, воздух, буря (**часть А**, схема «Слова осени»); лазурь, блестеть (**часть А**, схема и таблица «Краски осени»)

**ЗАДАНИЕ 3.**
Подберите однокоренные прилагательные к следующим существительным:

диво, зима, хрусталь, бодрость, тепло, чистота, праздник, пустота

**ЗАДАНИЕ 4.**
Подберите однокоренные существительные к следующим прилагательным и причастиям:

лучезарный, хрустальный, первоначальный, отдыхающий, просторный, лазурный

**ЗАДАНИЕ 5.**
Подберите однокоренные глаголы к следующим прилагательным и причастиям:

пустой, тусклый, блестящий, падающий, отдыхающий

**ЗАДАНИЕ 6.**
Соедините слова, противоположные по значению.

| | |
|---|---|
| первоначальный | тусклый |
| лучезарный | работающий |
| бодрый | поздний |
| отдыхающий | полный |
| пустой | сонный, вялый |

**ЗАДАНИЕ 7.**
**А. Замените конструкции «полное прилагательное + существительное» на «существительное + краткое прилагательное».**

короткий день, лучезарные вечера, бодрый человек, тёплая вода, чистый воздух, тонкий волос

**Б. Составьте предложения с получившимися конструкциями.**

А.Г. Венецианов. На жатве. Лето. Середина 1820-х

**ЗАДАНИЕ 8.**

**А. Прочитайте толкования слов. Значения каких слов они раскрывают?**

1. Светло-синий цвет, голубизна (устар. и высок.).
2. 1) Удивительный (устар.).
   2) Прекрасный, восхитительный (разг.).
3. Ничем не занятый, без дела, без полезных занятий.
4. Канавка на земле в поле, проведённая плугом для посева, для отвода воды.
5. Сеть, которую плетёт паук.
6. Инструмент в виде изогнутого ножа для срезания колосьев в поле (см. картину А.Г. Венецианова «На жатве. Лето»).

**Б. Прочитайте предложения, подберите толкования к выделенным словам.**

1. Багровое, угреватое и злое лицо его произвело на нас чрезвычайно тоскливое впечатление: точно злой паук выбежал на бедную муху, попавшуюся в его **паутину** (Ф.М. Достоевский. Записки из мёртвого дома). 2. Солнце только всходило; толпы баб отправлялись в поле с **серпами**... (Н.В. Успенский. Фёдор Петрович). 3. С полей, с лугов, с вод поднялись туманы и растаяли в небесной **лазури,** но в лесу туманы застряли надолго (М.М. Пришвин. Лесная капель). 4. Распаханная земля густо чернела жирными **бороздами,** и только островками зелень держалась около больших, ещё не выкорчёванных пней (В.Г. Короленко. Марусина заимка). 5. Я вспомнил первые встречи, наши поездки за город, объяснение в любви и погоду, которая, как нарочно, всё лето была **дивно** хороша; и то счастье... теперь я испытывал на самом деле, казалось, брал его руками (А.П. Чехов. Учитель словесности). 6. **Колосья** в поле под серпами / Ложатся жёлтыми рядами (М.Ю. Лермонтов. Черкесы). 7. Вы просто легкомысленный **праздный** человек, и больше ничего (А.П. Чехов. У знакомых).

**ЗАДАНИЕ 9.**

**Раскройте скобки, употребляя слова в форме соответствующего падежа.**

1. В (первоначальная осень) есть короткая пора, когда стоят ясные дни и вечера.
2. В пустом поле только паутина блестит на (праздная борозда).
3. Осенью уже не слышно (птицы).
4. Ещё далеко до (первые зимние бури).
5. Чистая и тёплая лазурь льётся на (отдыхающее поле).

## ЗАДАНИЕ 10.

**А. Прочитайте заметку о русском поле. Как вы думаете, есть ли отличия в том, как относятся к полю в русской и в вашей культурах?**

### Поле

Осень — пора сбора урожая. В садах и огородах созревают овощи и фрукты, в лесу — грибы и ягоды. Большая часть урожая вырастает в поле.

В поле выращивают зерновые культуры, из которых потом пекут хлеб, варят кашу, делают ткани и шьют одежду. Зерновое поле — **нива** — стало символом русского поля.

Весной поле **пахали**, разделяли на **борозды** — углубления, небольшие длинные ямки для посева семян и отвода воды. За лето вырастали и созревали **колосья**, которые в конце лета — начале осени срезали **серпом** или **косой**. Срезанные колосья связывали в большой пучок — **сноп**.

Дикое поле, на котором не выращивали урожай, называли **чистым** полем. Герои многих русских сказок выходят в «чисто поле».

На диком поле растут популярные в России цветы: ромашки, васильки, колокольчики. Об этих цветах есть много русских стихотворений и песен.

Также существует много стихотворений и песен о поле, самая известная — «Русское поле» (стихи И.А. Гофф, музыка Я.А. Френкеля). Поле упоминается во многих русских пословицах, поговорках, фразеологизмах, например: «Жизнь прожить — не поле перейти», «Один в поле не воин», «Не нашего поля ягода», «Ищи ветра в поле» и др.

*(По материалам «Большого лингвострановедческого словаря "Россия"»)*

**Б. Расскажите о фразеологизмах, связанных с полем, которые есть в вашем языке; о популярных песнях, стихотворениях, сказках, в которых упоминается поле.**

## ЗАДАНИЕ 11.

**А. Прочитайте пословицы. Объясните их значение.**

1. Цыплят по осени считают.
2. Весна красна цветами, а осень — снопами.
3. Жизнь прожить — не поле перейти.
4. Что посеешь, то и пожнёшь.

**Б. Прочитайте предложения. Каким пословицам они соответствуют?**

1. В жизни много трудностей.
2. Результаты дела зависят от того, как ты работал.
3. Весной растения цветут, а осенью люди собирают урожай.
4. О результатах говорят, когда дело сделано.

## ЗАДАНИЕ 12.

**Прочитайте стихотворение Фёдора Ивановича Тютчева «Есть в осени первоначальной...» Какая пословица из задания 11 ближе всего к нему по смыслу?**

Есть в осени первоначальной
Короткая, но дивная пора —
Весь день стоит как бы хрустальный,
И лучезарны вечера...

Где бодрый серп гулял и падал колос,
Теперь уж пусто всё — простор везде, —
Лишь паутины тонкий волос
Блестит на праздной борозде.

Пустеет воздух, птиц не слышно боле,
Но далеко ещё до первых зимних бурь —
И льётся чистая и тёплая лазурь
На отдыхающее поле...

Ф.И. Тютчев. 1857

## ЗАДАНИЕ 11.

**Подтвердите или опровергните (скажите «да» или «нет») следующие высказывания о содержании стихотворения:**

В стихотворении описывается зима.

Осенью в поле тихо.

Описывается пасмурная погода.

Птицы уже улетели на юг.

Работы в поле продолжаются.

## ЗАДАНИЕ 12.

**Найдите в предложениях стихотворения конструкции «существительное + прилагательное». У каких существительных есть несколько определений? Какими союзами связаны однородные определения?**

## ЗАДАНИЕ 13.

**Выпишите из стихоторения слова со следующими значениями:**

| Время | Природа | Цвет |
|---|---|---|
| | | |
| | | |
| | | |
| | | |
| | | |

**ЗАДАНИЕ 14.**
**Прочитайте словосочетания. В каких из них слова использованы в образном значении?**

осень первоначальная, день хрустальный, бодрый серп, простор везде, паутина блестит, паутины волос, пустеет воздух, птиц не слышно, зимние бури, далеко до зимних бурь, отдыхающее поле

**ЗАДАНИЕ 15.**
**Что с чем сопоставляется в словесных образах стихотворения? Как вы думаете почему? По возможности, приведите несколько вариантов ответа. Заполните таблицу.**

*Как понять словесный образ?*

| Словесный образ | Что сопоставляется | С чем сопоставляется | Почему сопоставляется |
|---|---|---|---|
| день хрустальный | | хрустальный (предмет) | |
| бодрый серп | | | люди, которые им работали, были бодрыми, активными |
| серп гулял | серп | | |
| паутины волос | | | тонкий, длинный |
| пустеет воздух | | сосуд | |
| отдыхающее поле | поле | | |

Не для всех словесных образов можно однозначно определить основание переноса, т.е. точно сказать, почему элемент 'X' здесь сопоставляется с 'Y'. Каждый читатель может по-своему понять причину образного сопоставления.

Например, в словесном образе «Весь день стоит как бы хрустальный» день сравнивается с чем-то хрустальным, возможно, потому что воздух в этот день *прозрачный* или потому что в этот день выпала роса (или шёл дождь), и теперь капли воды блестят на солнце. А вы как думаете?

## ЗАДАНИЕ 16.

**Рассмотрите схему, отражающую структуру словесных образов стихотворения Ф.И. Тютчева «Есть в осени первоначальной...». Заполните пропуски строками из стихотворения.**

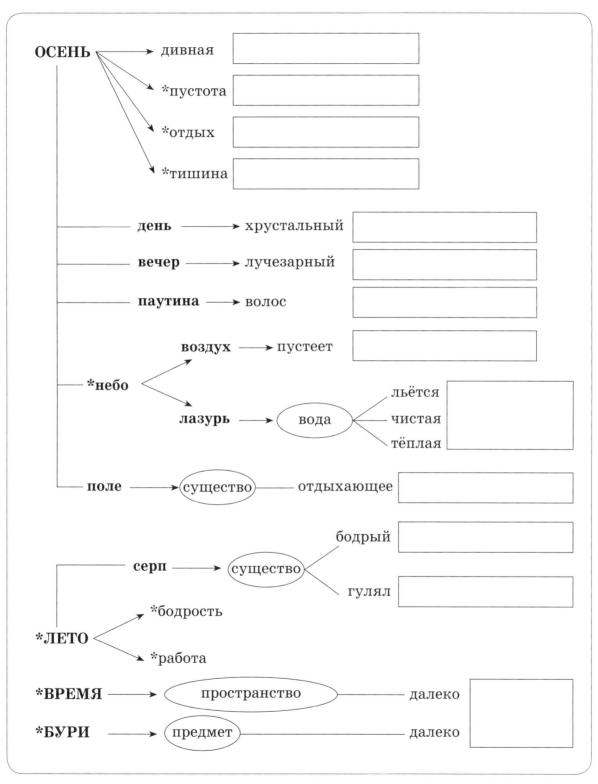

Схема словесных образов стихотворения Ф.И. Тютчева
«Есть в осени первоначальной...»

**ЗАДАНИЕ 17.**

Какие словесные образы стихотворения связаны между собой? Что в них общего?

**ЗАДАНИЕ 18.**

Какое настроение создают словесные образы в стихотворении?

**ЗАДАНИЕ 19.**

Как вы теперь можете объяснить смысл словесных образов из задания 15?

---

*Как понять словесный образ?*

Чтобы понять смысл словесного образа, необходимо:

• определить начало и конец фразы (контекст), в которой использован словесный образ;

• узнать прямые значения слов, входящих в его состав;

• увидеть противоречие, рассогласование между значениями слов;

• определить элементы словесного образа: 'X' (то, что сопоставляется), 'Y' (то, с чем сопоставляется), направление образного переноса;

• соотнести словесный образ с его моделью, парадигмой;

• предположить основание переноса: почему 'X' сопоставляется с 'Y';

• проанализировать соотношение словесного образа с другими словесными образами в тексте.

Выполнив эти действия, вы сможете сформулировать смысл словесного образа.

---

**ЗАДАНИЕ 20.**

Выделите в стихотворении ту часть, где описывается прошлое, и ту, где описывается настоящее.

**ЗАДАНИЕ 21.**

Почему пейзаж, который мы видим сейчас, сопоставляется с прошлым и будущим? Аргументируйте свой ответ.

**ЗАДАНИЕ 22.**

Опишите, каким пейзаж был недавно? Какой сейчас? Каким будет вскоре? При описании можете опираться на картины А.Г. Венецианова «На жатве. Лето» (см. выше), И.И. Левитана «Поздняя осень», В.Д. Поленова «Ранний снег. Бёхово» (см. с. 67). В своём тексте используйте словесные образы осени.

**ЗАДАНИЕ 23.**

Прослушайте стихотворение в исполнении актёров[1]. Какое исполнение, по вашему мнению, лучше передаёт чувства стихотворения? Подготовьтесь к выразительному чтению этого стихотворения.

---

[1] Рекомендуемые ссылки: http://www.staroeradio.ru/audio/15153
http://www.staroeradio.ru/audio/24073
http://antologia.xxc.ru/bookshelf/osen/38

И.И. Левитан. Поздняя осень. 1894–1898

В.Д. Поленов. Ранний снег. Бёхово. 1891

 **ЗАДАНИЕ 24.**
**Составьте диалог в следующей ситуации.**

*Птицы*, которые не улетают на юг, просят *Поле* покормить их зимой. *Поле* отказывается, потому что оно устало.

# Часть Г

# Осень и человек

## М.М. Пришвин. Иван-да-Марья

Как вы относитесь к традиции дарить цветы? Когда люди дарят друг другу цветы? Какие цветы люди обычно дарят друг другу? Продумайте достоинства и недостатки такого обычая. В группах выберите одну из точек зрения и обоснуйте её. Выслушайте другие мнения, обсудите их.

**ЗАДАНИЕ 1.**

**Прочитайте предложения в соответствии с интонационной разметкой.**

1. Поздней осенью / бывает иногда совсем как ранней весной: / там / — белый снег, / там — / чёрная земля.

2. По правде говоря, / Иван не настоящий цветок.

3. Это от Марьи / упали на эту осеннюю землю семена, / чтобы в новом году / опять покрыть землю Иванами / и Марьями.

4. Иван, / Иван, / где теперь твоя Марья?

5. Это радость. Какая же это радость! Какая это радость? Какая это радость! Какая же это радость! Какая же это радость!

**Проверьте, помните ли вы прямые значения слов.**

буря, ива, пестики и тычинки, семена (**часть А**, схема «Слова осени»); жёлтый, голубой, фиолетовый (**часть А**, схема «Краски осени»)

**ЗАДАНИЕ 3.**
**Подберите однокоренные слова к следующим словам:**

проталина, заголубеть, двойной, сложен, десяток, замёрзший, листики, опасть (опа́л, опа́ла, опа́ли), покрыть, потихоньку, принюхаться, проглянет, уцелеть, пахнет

**Слова для справок:** два, десять, голубой, глядеть, запах, лист, мёрзнуть, накрыть, нюхать, падать, сложить, таять, тихо, целый.

**ЗАДАНИЕ 4.**
**Соедините слова, близкие по значению.**

непременно                    сиреневый

прежний                        сохраниться

буря                           работа

уцелеть                        обязательно

фиолетовый                     смотреть

дело                           прошлый, бывший

глядеть                        шторм

**ЗАДАНИЕ 5.**
**А. Соедините слова, противоположные по значению.**

поздний                        крупный

мелкий                         ранний

замёрзнуть                     прямые

кудрявые                       громко

наклоняться                    согреться

потихоньку                     выпрямляться

**Б. С некоторыми словами составьте словосочетания.**

**ЗАДАНИЕ 6.**

**А. Составьте словосочетания, соединив глаголы с существительными.**

| | |
|---|---|
| проглянет / выглянет | морозы |
| доставляет | сквозь тучи, облака |
| уцелеть | удовольствие, радость |
| перенести (перенёс) | на землю |
| привыкаем | во время бури |
| упали | к снегу, к запаху |

**Б. С получившимися словосочетаниями составьте предложения.**

**ЗАДАНИЕ 7.**

**Раскройте скобки, поставив глагол НСВ в форме настоящего времени, а СВ — в форме будущего времени.**

1. Весной (пахнуть) землёй, а осенью — снегом. 2. Зимой мы (привыкать) к снегу, а летом мы (принюхиваться) к земле. 3. Редко (проглянуть) солнце. 4. Десяток цветов (доставлять) нам большое удовольствие. 5. Я (наклоняться) к цветку и с удивлением (узнавать) в нём... 6. Люди (называть) его цветком. 7. Я (говорить) потихоньку.

**ЗАДАНИЕ 8.**

**Какие цветы вы любите больше всего? Есть ли в вашей жизни история, связанная с цветами? Расскажите её.**

**ЗАДАНИЕ 9.**

**Прочитайте рассказ-миниатюру Михаила Михайловича Пришвина «Иван-да-Марья». О каком цветке рассказывает автор? Видели ли вы когда-нибудь такой цветок? Подсказка на с. 74.**

1

2

3

4

## Иван-да-Марья

Поздней осенью бывает иногда совсем как ранней весной: там — белый снег, там — чёрная земля. Только весной из проталин пахнет землёй, а осенью — снегом. Так непременно бывает: мы привыкаем к снегу зимой, и весной нам пахнет земля, а летом принюхаемся к земле, и поздней осенью пахнет нам снегом.

Редко, бывает, проглянет солнце на какой-нибудь час, но зато какая же это радость! Тогда большое удовольствие доставляет нам какой-нибудь десяток уже замёрзших, но уцелевших от бурь листьев на иве или очень маленький голубой цветок под ногой.

Наклоняюсь к голубому цветку и с удивлением узнаю́ в нём Ивана: это один Иван остался от прежнего двойного цветка, всем известного Ивана-да-Марьи.

По правде говоря, Иван не настоящий цветок. Он сложен из очень мелких кудрявых листиков, и только цвет его фиолетовый, почему его и называют цветком. Настоящий цветок, с пестиками и тычинками, — только жёлтая Марья. Это от Марьи упали на эту осеннюю землю семена, чтобы в новом году опять покрыть землю Иванами и Марьями. Дело Марьи много труднее, вот, верно, потому она и опала раньше Ивана.

Но мне нравится, что Иван перенёс морозы и даже заголубел. Провожая глазами голубой цветок поздней осени, я говорю потихоньку:

— Иван, Иван, где теперь твоя Марья?

*М.М. Пришвин. 1920-е*

**ЗАДАНИЕ 10.**
**Ответьте на вопросы по содержанию текста.**

1. Что называется Иваном? Марьей?
2. Марья — настоящий цветок? Какого она цвета?
3. Иван — настоящий цветок? Какого он цвета? Когда он меняет оттенок?
4. Где теперь Марья?
5. Почему Марья осенью опадает, а Иван — нет?
6. По мнению лирического героя, чем похожи весна и осень? Почему?
7. Почему лирический герой радуется замёрзшим цветам?

**ЗАДАНИЕ 11.**
**Найдите в тексте фрагменты, где природа описывается с помощью активных конструкций. Как вы думаете, какую роль они играют в тексте?**

**ЗАДАНИЕ 12.**
**Прочитайте словосочетания и фразы, найдите их в тексте. В каких из них слова использованы в прямом значении, а в каких — в образном?**

редко проглянет солнце, узнаю в цветке Ивана, кудрявый лист, цветок опал, цветок заголубел, дело цветка намного труднее, покрыть землю Иванами и Марьями, перенести мороз, провожать цветок глазами, поздняя осень, уцелевших от бурь листьев

**ЗАДАНИЕ 13.**
**Что с чем сопоставляется в словесных образах текста? Как вы думаете почему? Заполните таблицу. По возможности, приведите несколько вариантов ответа.**

| Словесный образ | Что сопоставляется | С чем сопоставляется | Почему сопоставляется |
|---|---|---|---|
| кудрявый листик | | волосы | |
| дело Марьи много труднее | растение (цветок) | | |
| семена покроют землю Иванами и Марьями | | человек | |
| Иван перенёс морозы | | | не завял (остался живым) после морозов |
| Провожая глазами голубой цветок | | провожать человека | |
| Иван, Иван, где теперь твоя Марья? | | Иван<br><br>Марья | |

**ЗАДАНИЕ 14.**

Найдите похожие между собой словесные образы. Чем они похожи? Что общего у большинства словесных образов в рассказе М.М. Пришвина?

**ЗАДАНИЕ 15.**

Объясните смысл словесных образов в задании 13, учитывая их связь друг с другом и роль в тексте.

**ЗАДАНИЕ 16.**

Как вы думаете, какое отношение к природе выражено в рассказе М.М. Пришвина? Разделяете ли вы такое отношение к природе? Как вам кажется, испытывают ли современные люди подобные чувства?

**ЗАДАНИЕ 17.**

**А. Продолжите диалог между автором и Иваном, начните с вопроса «Иван, Иван, где теперь твоя Марья?»**

**Б. Составьте диалог в следующей ситуации:**

*Марья* собирается уходить, чтобы посеять семена в осеннюю землю. *Иван* и *Марья* прощаются, зная, что больше не встретятся.

**ЗАДАНИЕ 18.**

От лица Ивана расскажите о его жизни, о его отношениях с Марьей, о том, что он теперь чувствует.

**ЗАДАНИЕ 19.**

Опишите ваш любимый цветок, используя словесные образы 'цветок → человек'.

**ЗАДАНИЕ 18.**

Знаете ли вы, как называется цветок на фото 3? Прочитайте заметку о нём. Расскажите о том, что вам показалось наиболее интересным в этой заметке.

## Василёк

Осенью в поле ещё можно встретить василёк — фиолетовый или голубой цветок, лепестки которого как будто собраны в корзинку.

На Руси в конце лета, когда начинали собирать в поле урожай, первый сноп украшали васильками, несли его домой.

Мастерицы часто вышивали цветы василька. Девушки носили на голове венки из васильков. Традиционный букет из простых полевых цветов василька и ромашки был скромным, но очаровательным.

Василёк защищал от злых сил. В народной медицине василёк использовали для лечения болезней. Из василька также делали голубую и синюю краски.

Густой, голубовато-синий цвет называют васильковым. Это цвет русских просторов, рек и озёр.

Василёк часто упоминается в народных песнях.

*(По материалам Т.Г. Аркадьевой, М.И. Васильевой и др.)*

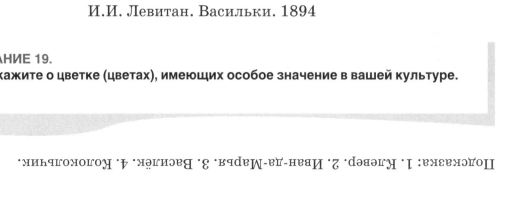

И.И. Левитан. Васильки. 1894

**ЗАДАНИЕ 19.**
**Расскажите о цветке (цветах), имеющих особое значение в вашей культуре.**

Подсказка: 1. Клевер. 2. Иван-да-Марья. 3. Василёк. 4. Колокольчик.

74

# Н.А. Заболоцкий. Сентябрь

Какие ваши любимые осенние плоды: овощи, фрукты, грибы, ягоды?

Что вы чаще покупаете осенью? Подготовьте сообщение о пользе этого продукта и расскажите своим друзьям.

**ЗАДАНИЕ 1.**

**Прочитайте слова, словосочетания и фразы, обращая внимание на произношение звуков /ж/, /ш/ и /с/.**

сы́плет, до́ждик, больши́е, горо́шины, взъеро́шенный, серебри́стый, лист, сквозь, отве́рстие, из ка́менных, ца́рство, пробива́ясь, занаве́шена, сло́вно, де́вушка, вспы́хнув, оре́шина, засия́ла, сентя́брь, живопи́сец, кисть, нарису́й, беспоко́йно, скользя́щая;

сы́плет до́ждик, больши́е горо́шины, то́поль взъеро́шенный, серебри́стый лист, сквозь отве́рстие, кисть за ки́стью, нарису́й де́вушку, с беспоко́йно скользя́щей;

сы́плет до́ждик больши́е горо́шины; закрыва́ется то́поль взъеро́шенный; серебри́стой изна́нкой листа́; сквозь отве́рстие о́блака; сквозь а́рку из ка́менных плит; сло́вно де́вушка, вспы́хнув, оре́шина; засия́ла в конце́ сентября́; нарису́й э́ту де́вушку; нарису́й, сло́вно де́ревце.

**ЗАДАНИЕ 2.**

**Прочитайте пары слов. Что общего у слов в каждой паре?**

горо́шины — взъеро́шенный, чиста́ — листа́, о́блака — мо́рока, плит — лети́т, занаве́шена — оре́шина, не зря́ — сентября́, выхва́тывай — грана́товой, полотне́ — мне, зы́бкую — улы́бкою, в венце́ — лице́

**ЗАДАНИЕ 3.**

**Проверьте, помните ли вы**

◆ **слова в прямом значении:**

тополь, орешник, туман, облако, моросит дождь, луч (**часть А**, схема «Слова осени»); серебристый, гранатовый (**часть А**, схема «Краски осени»), сиять (**часть А**, таблица «Краски осени»);

◆ **словесный образ:**

золотые листья (**часть Б**)

**ЗАДАНИЕ 4.**
**Соедините слова, близкие по значению.**

взъерошенный          волноваться

навек                 загореться

занавеска             как

зря                   лохматый

словно                навсегда

вспыхнуть             напрасно

схватить              штора

беспокоиться          взять


**ЗАДАНИЕ 5.**
**Соедините слова, противоположные по значению.**

сыпать

закрываться           вода

чистый                грязный

огонь                 открываться

плакать               пожилой

юный                  смеяться

                      собирать

**ЗАДАНИЕ 6.**

**Подберите однокоренные слова к следующим словам:**

даль, взглянуть, сквозь, каменный, морок, занавешен, орешина, засиять, выхватывать, гранатовый, венец, беспокойно, скользящий, юный

**Слова для справок:** беспокоиться, венок, взгляд, гранат, далёкий, занавес, занавеска,    камень, мрачный, насквозь, орех, орешник, сияние, скользить, скользкий, спокойный, хватать, юность, юноша.

**ЗАДАНИЕ 7.**
**Вычеркните лишние по смыслу слова.**

живописец, кисть, композитор, полотно, портрет;
царь, луч, царевна, царство, венец;
орех, гранат, горох, камень, грибы;
дерево, дождь, ветер, туман, мгла;
рвать, сыпать, закрывать, пробиваться, взглянуть

## ЗАДАНИЕ 8.
**А.** Прочитайте предложения, попробуйте догадаться о значении выделенных слов без помощи словаря.

1. Между стенами старинных зданий делали **арку**, по форме похожую на радугу или мост. 2. Окном называют **отверстие** в стене, через которое в дом попадает свет и воздух. 3. Дорогу в городе часто покрывают каменными или бетонными **плитами** квадратной или прямоугольной формы. 4. Поверхность воды в реке **зыбкая**, даже от слабого ветра она начинает двигаться. 5. Чтобы проверить качество одежды, её нужно вывернуть **наизнанку** и посмотреть, как она сшита, изнутри. 6. Когда мы пришли в театр, после третьего звонка в зале выключили свет, стало тихо, заиграла музыка, на сцене подняли **занавес**, и мы увидели актёров. 7. Венок для особенных случаев и особенных людей называют **венцом**: на свадьбу жених и невеста надевали **венцы**, поэтому «идти под **венец**» в русском языке значит «жениться» или «выходить замуж»; царь носил на голове **венец**, украшенный драгоценными камнями; терновый **венец** — символ мученика.

**Б.** Вместо пропусков вставьте слова, подходящие по смыслу, в нужной форме.

1. Дверь слегка приотворилась, и в ............................................ просунулась голова... (И.С. Тургенев. Новь). 2. Хлюпала вода, покачивая лодки, и звёзды дрожали на её ............................................ поверхности (Л.Н. Андреев. На реке). 3. Он бродил под ............................................ Гостиного двора (Ф.М. Достоевский. Бесы). 4. ............................................ поднялся, и, как только публика увидела своего любимца, театр задрожал от рукоплесканий и восторженных криков (А.И. Куприн. Полубог). 5. Но принцесса мне дороже царства: / Мне не надо царского ............................................ (С.М. Соловьёв. Тёмный принц). 6. Слышались шаги по каменным ............................................ (А.П. Чехов. Архиерей). 7. Матрёна положила городское пальто в сундук, подвязала передник, перебросила скатерть ............................................ кверху и живо накрыла на стол (А.Н. Толстой. Хождение по мукам).

## ЗАДАНИЕ 9.
**А.** Образуйте слова и формы слов.

существительное с суффиксом -*ц*-: дерево ......................................................................

существительное с суффиксом -*ец*-: живопись ......................................................................

существительное с суффиксом -*ик*-: дождь ......................................................................

существительное с суффиксом -*ник*-: орех ......................................................................

существительное с суффиксом -*ин*-: горох (х/ш) ......................................................................
орех (х/ш) ......................................................................

глагол с суффиксом -ся: рвать ........................................................................

закрывать ........................................................................

императив: выхватывать ........................................................................

взглянуть ........................................................................

страдательное причастие: завесить ........................................................................

заплакать ........................................................................

взъерошить ........................................................................

действительное причастие наст. вр.: скользить ........................................................................

деепричастие наст. вр.: пробиваться ........................................................................

деепричастие прош. вр.: вспыхнуть ........................................................................

**Б.** Объясните значения получившихся слов.

**В.** Проверьте, правильно ли вы выполнили задание, после того, как прочитаете стихотворение Н.А. Заболоцкого «Сентябрь».

**ЗАДАНИЕ 10.**
**Прочитайте стихотворение Николая Алексеевича Заболоцкого «Сентябрь». Разделите его на смысловые части.**

### Сентябрь
Сыплет дождик большие горошины,
Рвётся ветер, и даль нечиста.
Закрывается тополь взъерошенный
Серебристой изнанкой листа.
Но взгляни: сквозь отверстие облака,
Как сквозь арку из каменных плит,
В это царство тумана и морока
Первый луч, пробиваясь, летит.
Значит, даль не навек занавешена
Облаками, и, значит, не зря,
Словно девушка, вспыхнув, орешина
Засияла в конце сентября.
Вот теперь, живописец, выхватывай
Кисть за кистью, и на полотне
Золотой, как огонь, и гранатовой
Нарисуй эту девушку мне.
Нарисуй, словно деревце, зыбкую
Молодую царевну в венце
С беспокойно скользящей улыбкою
На заплаканном юном лице.

Н.А. Заболоцкий. 1957

**ЗАДАНИЕ 11.**

Подтвердите или опровергните (скажите «да» или «нет») следующие высказывания о погоде, описанной в тексте.

1. Идёт сильный дождь.
2. Дует слабый ветер.
3. Погода пасмурная.
4. Густой туман.
5. Облачно.
6. Светит солнце.
7. В ближайшее время погода будет ещё хуже.

**ЗАДАНИЕ 12.**

Выделите в тексте субъекты (подлежащие) и предикаты (сказуемые). В каких предложениях есть объект (дополнение)? Определите падеж существительных, выражающих объект.

**ЗАДАНИЕ 13.**

**А.** Подчеркните существительное, которое в стихотворении не участвует в создании словесного образа.

| | |
|---|---|
| дождик | ............................................................................... |
| ветер | ............................................................................... |
| даль | ............................................................................... |
| тополь | ............................................................................... |
| лист | ............................................................................... |
| облако | ............................................................................... |
| туман и морок | ............................................................................... |
| даль | ............................................................................... |
| облака | ............................................................................... |
| орешина | ............................................................................... |
| сентябрь | ............................................................................... |
| царевна | ............................................................................... |
| улыбка | ............................................................................... |

**Б. Какую роль играет это слово в стихотворении?**

**В. Как вы поняли выражение «конец сентября»? Проверьте себя по примечанию на с. 82.**

**ЗАДАНИЕ 14.**

Рядом со словами из предыдущего задания напишите словосочетания и фразы (словесные образы), в которых употреблены эти слова в стихотворении. Что выступает в качестве элемента 'Y' (того, с чем сопоставляется) в этих словесных образах?

**Рассмотрите схему словесных образов стихотворения Н.А. Заболоцкого «Сентябрь».
Заполните пропуски.**

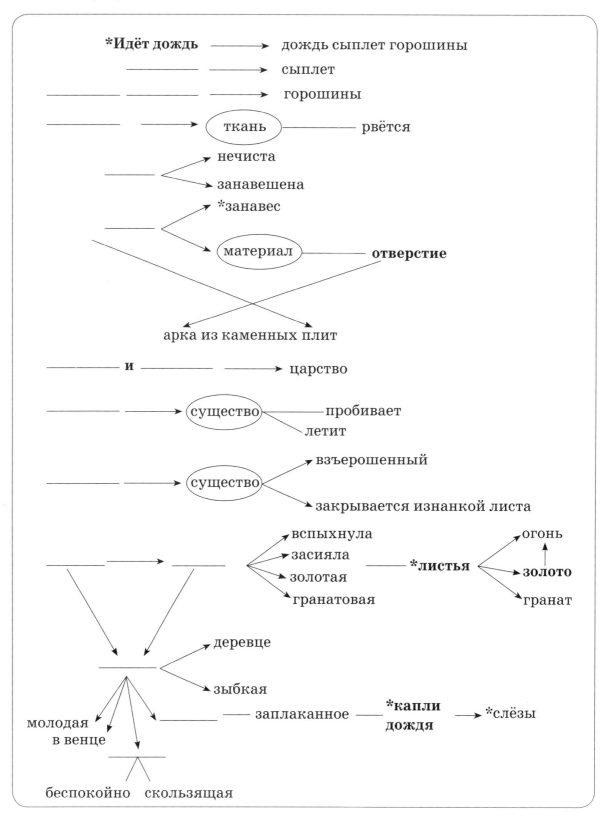

Схема словесных образов стихотворения Н.А. Заболоцкого «Сентябрь»

**ЗАДАНИЕ 16.**

**Сравните элементы 'Y', которые вы определили в задании 14, с теми, которые даны в схеме. Какие из элементов вы определили по-другому? Почему? С чем из того, что предложено в схеме, вы согласны, а с чем — нет?**

> *Как понять словесный образ?*
>
> Проанализируйте связь словесного образа с другими образами текста. Найдите в них общее и различное. Определите родственные парадигмы: схожие по элементу 'X' или 'Y'.

**ЗАДАНИЕ 17.**

**Какие словесные образы в стихотворении связаны между собой, а какие — нет? Как вы думаете, почему?**

**ЗАДАНИЕ 18.**

**А. Почему и когда можно сравнить следующее?**

капли дождя с горошинами — ....................................................................................

облако с каменными плитами — ...............................................................................

просвет в облаке с аркой из каменных плит — ....................................................

туман и морок с царством — ......................................................................................

облака с занавесом — ...................................................................................................

деревце с девушкой? — ...............................................................................................

девушку с деревцем — ..................................................................................................

**Б. В каких ситуациях можно назвать:**

даль нечистой — .............................................................................................................

тополь взъерошенным — ..............................................................................................

лист серебристым — ......................................................................................................

даль занавешенной — .....................................................................................................

**ЗАДАНИЕ 19.**

**Как вы думаете, почему автор вместо слова «орешник» выбрал редкое и разговорное «орешина»?**

**ЗАДАНИЕ 20.**

**А. Сравните значения слова «вспыхнуть» в следующих предложениях. Замените, где возможно, глагол «вспыхнуть» синонимами.**

1. Дерево сухое, вспыхнуло, как бумага, — можете себе представить, какой костёр получился! (А.И. Куприн. Царицынское пожарище). 2. Бледное лицо его вспыхнуло вдруг яркой краской (Л.Н. Толстой. Война и мир). 3. Словно вспыхнула пожаром, словно грозовою тучею налетела любовь (И.С. Тургенев. Дым). 4. Она вспыхнула, она опустила глаза в землю, и опустила стыдливо,

как девушка… (А.А. Григорьев. Офелия). 5. Принцесса вспыхнула. — Не верю я тебе, — сказала она громко, — не может этого не быть, раз я хочу! (З.Н. Гиппиус. Время).

**Б.** В каком значении (или значениях) использован глагол «вспыхнуть» в стихотворении Н.А. Заболоцкого? Почему этот глагол может быть здесь понят в нескольких значениях?

**В.** Как характеризует девушку-орешину то, что она вспыхнула?

**ЗАДАНИЕ 21.**
Как вы думаете, что нарисует живописец: пейзаж или портрет? Почему?

**ЗАДАНИЕ 22.**
**А.** Сравните тополь и орешину. Что общего в словесных образах, описывающих тополь и орешину? Что различного в их отношении к осени? Почему тополь «взъерошенный» и «закрывается …изнанкой листа»? Почему он закрывается именно изнанкой листа?

**Б.** Как вы думаете, почему тополь и орешина по-разному себя ведут?

**В.** Какую роль здесь играет луч солнца?

**ЗАДАНИЕ 23.**
Как относится автор к тополю, а как — к орешине? Подтвердите своё мнение словами из стихотворения.

**ЗАДАНИЕ 24.**
Выполняя задание 10, вы разделили стихотворение на части. Как вам кажется, противоречат друг другу эти части или дополняют друг друга? Почему?

**ЗАДАНИЕ 25.**
Прочитайте примечание.

> **Примечание.** На самом деле, выражение *конец сентября* также можно считать образным, потому что слово *конец* в своём основном значении относится к предметам или явлениям, расположенным в пространстве, ср.: *конец дороги, конец коридора, конец шарфа*. Но в современном русском языке слово *конец* используется в сочетании со словами, обозначающими время (*день, месяц, год*) или процесс (*работа, учёба*), так часто, что люди, говоря, например, *конец урока*, уже не задумываются о том, что это высказывание образное.

## ЗАДАНИЕ 26.

**Прочитайте прогноз погоды на сегодня. Попробуйте его рассказать, дополнив его образными описаниями. Подумайте, как будет выглядеть природа? Добавьте описание какого-либо явления или растения, используйте словесные образы 'природа — человек'.**

## ЗАДАНИЕ 27.

**Составьте диалоги в следующих ситуациях.**

1. *Автор* просит художника нарисовать *девушку-орешину*. Художник спрашивает автора о подробностях.

2. *Художник* начинает рисовать, но *девушка-орешина* стесняется и придумывает разные причины, почему её не надо рисовать.

3. *Художник* рисует портрет и расспрашивает *девушку-орешину* о её жизни.

## ЗАДАНИЕ 28.

**Прочитайте текст об осенних деревьях. Расскажите о том, что нового вы узнали.**

### Осенние деревья

Самые яркие деревья осенью в России — клён, берёза, рябина и дуб.

Фигурные листья клёна осенью становятся жёлтыми, красными, оранжевыми, коричневыми. Во многом благодаря клёну осень стали называть золотой. О клёне написано много стихотворений и песен, его часто изображали на своих картинах русские художники.

Листья берёзы начинают желтеть первыми, ещё в конце лета. Осеннюю берёзовую рощу можно увидеть на картине И.И. Левитана «Золотая осень». Вообще, берёза в России — символ девушки. О красивой девушке могут сказать «стройная, как берёзка». Существует много стихотворений и песен о берёзе. Самая известная русская народная песня — «Во поле берёза стояла…» Берёза настолько распространена в России и русской культуре, что стала не только символом девушки, но и всей России.

Рябина осенью выделяется не столько своими жёлтыми продолговатыми листьями, сколько яркими оранжево-красными ягодами. Горькие сначала, после наступления морозов ягоды рябины становятся сладкими. По народной примете, если на рябине много ягод, зима будет очень холодной. Рябина, как берёза, тоже стала символом девушки и символом России. Но с рябиной чаще сравнивают несчастную одинокую женщину. Именно так о ней поётся в песне «Что стоишь, качаясь, тонкая рябина?», где рябине нельзя «к дубу перебраться».

Листья дуба осенью становятся коричневыми; коричневыми становятся и спелые плоды дуба — жёлуди. Дуб — сильное, могучее дерево, живущее до 1000 лет. У древних славян дуб был священным деревом. В фольклоре дуб символизирует мужское начало, долголетие, силу, стойкость, мужество.

*(По материалам «Большого лингвострановедческого словаря "Россия"»)*

И.Э. Грабарь. Рябинка. 1915

# С.А. Есенин. Отговорила роща золотая...

Подберите как можно больше определений к существительным «язык», «речь», «слова».

Какие аналогии с человеческим языком можно найти в природе?

Рассмотрите картину И.И. Шишкина «Болото. Журавли».

Кто или что здесь может говорить? Как? О чём?

И.И. Шишкин. Болото. Журавли. 1890

**ЗАДАНИЕ 1.**

**Прочитайте пары слов, обращая внимание на место ударения.**

зо́лото — золота́я, ве́село — весёлый, жура́вль — журавли́, жаль — к сожале́нию, де́рево — дере́вья, сло́во — слова́

**ЗАДАНИЕ 2.**

**Прочитайте слова, обращая внимание на произношение звуков /ш/, /ж/, /ч'/.**

больше, ушедший, прошедший, широкий, душа; каждый, журавли, журавлей, жалеют, жалеть, жаль, может, желтизна, ненужный, скажите; печально, растраченный

**ЗАДАНИЕ 3.**

**Проверьте, помните ли вы**

◆ **слова в прямом значении:**
желтизна, берёза, рябина, роща, пруд, журавли, ветер (**часть А**, схема «Слова осени»); сиреневый, желтизна (**часть А**, схема «Краски осени»);
◆ **словесные образы:**
золотая осень, золотой листопад (**часть Б**)

**ЗАДАНИЕ 4.**
**Соедините слова, близкие по значению.**

зря              вновь
снова            лес
грустно          напрасно
пруд             озеро
роща             печально

**ЗАДАНИЕ 5.**
**А. Подберите однокоренные прилагательные к следующим словам:**

рябина, берёза, сирень, печаль, грусть, желтизна, веселье, ширина (ширь), даль, тишина, равнина

**Б. С некоторыми из прилагательных составьте словосочетания.**

**ЗАДАНИЕ 6.**
**А. От следующих глаголов образуйте:**

◆ **действительные (активные) причастия в форме прошедшего времени:**
уйти, пройти, зайти, разметать, обгореть, пропасть, пропадать, сгребать;

◆ **страдательные (пассивные) причастия в форме прошедшего времени:**
растратить, отнести, согреть;

◆ **деепричастия в форме настоящего времени:**
пролетать, разметать, жалеть

**Б. Составьте с получившимися причастиями и деепричастиями 5–7 предложений.**

**ЗАДАНИЕ 7.**
**Объясните значения следующих слов:**

страна — странствовать — странник;
к сожалению — жаль (*чего?*) — жалеть (*о чём?*);
середина — посередине — среди;
думать — дума — думы

**ЗАДАНИЕ 8.**
**Раскройте скобки, употребляя слова в форме соответствующего падежа.**

1. Жалеть о (прошлое). 2. Жалеть (бедный человек). 3. Думать об (ушедшие люди). 4. Надо мной тёмное небо с (широкий месяц). 5. Я стою среди (голая равнина). 6. Трава завянет от (холод). 7. Дворник сгребает опавшие листья в (один большой ком).

**ЗАДАНИЕ 9.**

**А.** Прочитайте заметку о журавлях. Расскажите, что нового вы узнали о них. Какое значение имеет эта птица для русской культуры?

## Журавли

Журавль — болотная птица с длинными ногами, шеей и клювом.

Каждой осенью журавли клином улетают на юг до весны. Полет журавлей настолько высокий и красивый, что в русской культуре эти птицы стали символом недостижимого. Существует пословица «Лучше синица в руке, чем журавль в небе», которая означает, что лучше иметь что-то меньшее, но конкретное, чем мечтать о большом, прекрасном, но недоступном.

В культуре XX в. журавль, особенно белый, стал символом души человека. Известна песня Я.А. Френкеля на слова дагестанского поэта Р. Гамзатова (в переводе Н.И. Гребнева) «Журавли»:

Мне кажется порою, что солдаты,
С кровавых не пришедшие полей,
Не в землю нашу полегли когда-то,
А превратились в белых журавлей.

*(По материалам «Большого лингвострановедческого словаря "Россия"»)*

**Б.** Расскажите, какие птицы имеют символическое значение в вашей культуре?

**ЗАДАНИЕ 10.**

Какое настроение и какие мысли навевают на вас улетающие птицы?

**ЗАДАНИЕ 11.**

С чем или кем вы могли бы сравнить осеннюю рощу?

**ЗАДАНИЕ 12.**

Прочитайте стихотворение Сергея Александровича Есенина «Отговорила роща золотая…» Коротко расскажите о чувствах и мыслях, которые вызвали у поэта осенняя роща и улетающие журавли.

Отговорила роща золотая
Берёзовым, весёлым языком,
И журавли, печально пролетая,
Уж не жалеют больше ни о ком.

Кого жалеть? Ведь каждый в мире странник —
Пройдёт, зайдёт и вновь оставит дом.
О всех ушедших грезит конопляник
С широким месяцем над голубым прудом.

Стою один среди равнины голой,
А журавлей относит ветер в даль,
Я полон дум о юности весёлой,
Но ничего в прошедшем мне не жаль.

Не жаль мне лет, растраченных напрасно,
Не жаль души сиреневую цветь.
В саду горит костёр рябины красной,
Но никого не может он согреть.

Не обгорят рябиновые кисти,
От желтизны не пропадёт трава.
Как дерево роняет тихо листья,
Так я роняю грустные слова.

И если время, ветром разметая,
Сгребёт их все в один ненужный ком...
Скажите так... что роща золотая
Отговорила милым языком.

С.А. Есенин. 1924

**ЗАДАНИЕ 13.**
**Ответьте «да» или «нет» на следующие вопросы по содержанию текста.**

1. Лирический герой смотрит на улетающих журавлей вместе с любимой?
2. Лирический герой думает о своей юности?
3. Его юность была радостной?
4. Он считает, что в юности сделал что-то полезное?
5. Он считает свои слова нужными?

**ЗАДАНИЕ 14.**
**Вы знаете, что глагол «говорить» употребляется в конструкциях: говорить *как?* (говорить по-русски), говорить *на каком?* языке (говорить на русском языке)? В какой конструкции и в каком значении использован однокоренной глагол «отговорить» в этом стихотворении?**

**ЗАДАНИЕ 15.**
**Прочитайте предложения. Сравните значения выделенных слов. Определите, в каком предложении слово употреблено в прямом значении, а в каком — в образном.**

I. 1. Я, кажется, русским **языком** спрашиваю, — сурово сказал кот, — дальше что? (М.А. Булгаков. Мастер и Маргарита). 2. Отговорила роща золотая / Берёзовым, весёлым **языком** (С.А. Есенин. Отговорила роща золотая...).

II. 1. ...странник — / Пройдёт, зайдёт и вновь оставит **дом** (С.А. Есенин. Отговорила роща золотая...). 2. Кого жалеть? Ведь каждый в мире странник — / Пройдёт, зайдёт и вновь оставит **дом** (С.А. Есенин. Отговорила роща золотая...).

III. 1. Уходило солнце, и **цветы** сирени сделались розовыми, когда их озарили последние лучи (З.Н. Гиппиус. Время). 2. Не жаль души сиреневую **цветь** (С.А. Есенин. Отговорила роща золотая...).

IV. 1. Пока разводят **костёр**, греют чайник и варят уху, закусывают, собираются, — проходит много времени (М.М. Пришвин. Колобок). 2. В саду горит **костёр** рябины красной (С.А. Есенин. Отговорила роща золотая...).

V. 1. Она познакомилась с ним... так, как знакомятся в старых романах или в кинематографических картинах: она **роняет** платок, он его поднимает... (В.В. Набоков. Защита Лужина). 2. Как дерево **роняет** грустно листья... (С.А. Есенин. Отговорила роща золотая...). 3. Так я **роняю** грустные слова (С.А. Есенин. Отговорила роща золотая...).

---

*Как понять словесный образ?*

Важно увидеть тот фрагмент текста, который можно считать словесным образом, найти его начало и конец.

Так, если мы прочитаем фразу «...странник — / Пройдёт, зайдёт и вновь оставит дом», то не увидим в ней словесного образа: человек (странник) действительно может входить в дом и выходить из дома, – здесь нет никакого противоречия. Но, расширив фрагмент, мы прочитаем фразу «Ведь каждый в мире странник — / Пройдёт, зайдёт и вновь оставит дом», увидим, что в ней есть словесный образ, и поймём, что дом этот — мир.

---

ЗАДАНИЕ 15.

**Выпишите из стихотворения словосочетания или фразы, в которых упоминаются:**

роща ........................................................................................................

рябина ....................................................................................................

дерево .....................................................................................................

равнина ..................................................................................................

журавли ..................................................................................................

юность ....................................................................................................

человек в мире ....................................................................................

ЗАДАНИЕ 16.

**A. О ком или о чём идёт речь в следующих словосочетаниях и фразах из стихотворения (определите элемент 'X' — то, что сопоставляется)?**

1) ... уж не жалеют больше ни о ком;
2) ... пройдёт, зайдёт и вновь оставит дом;
3) ... растраченных напрасно;
4) ... сиреневую цветь;
5) В саду горит костёр ... красной, / Но никого не может он согреть;
6) Как дерево роняет тихо листья, / Так ... роняю грустные слова;
7) И если время, ветром разметая, / Сгребёт их все в один ненужный ком

**Б.** С чем сопоставляется элемент 'X' в этих словесных образах? Как вы думаете почему? Заполните таблицу. По возможности, дайте несколько вариантов.

| Словесный образ | 'X' (то, что сопоставляется) | 'Y' (то, с чем сопоставляется) | Основание сопоставления (почему сопоставляется) |
|---|---|---|---|
| 1. | | | |
| 2. | | | |
| 3. | | | |
| 4. | | | |
| 5. | | | |
| 6. | | | |
| 7. | | | |

**ЗАДАНИЕ 17.**

С помощью словесных образов явления природы часто описываются как живые существа. Для этого могут использоваться глаголы, которые обозначают действия, свойственные человеку. Преобразуйте предложения по образцу. Проверьте себя по тексту стихотворения.

*Образец*: Осень началась. Человек пришёл. — *Осень пришла.*

Роща (от)цвела. Человек перестал говорить. —

В роще листья перестали быть зелёными. Человек (от)говорил весёлым языком. —

Журавли пролетают в небе. Человек смотрит на них печально. —

Журавли пролетают в небе. Человек не жалеет ни о ком. —

В поле есть конопляник. Человек грезит о всех ушедших. —

Весной цветёт сирень. В молодости душа человека радуется. —

## ЗАДАНИЕ 18.

**Рассмотрите схему, отражающую связь словесных образов стихотворения С.А. Есенина «Отговорила роща золотая...». Заполните в ней пропуски. К каждой парадигме подберите словесный образ из текста.**

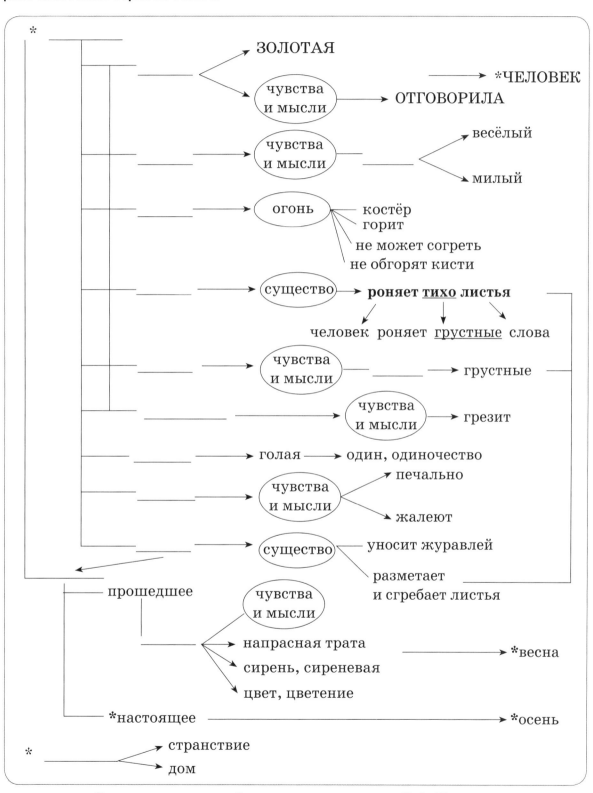

Схема словесных образов стихотворения С.А. Есенина
«Отговорила роща золотая...»

**ЗАДАНИЕ 19.**

С опорой на схему сгруппируйте словесные образы по следующим признакам:
◆ близость элементов 'X';
◆ близость элементов 'Y'.

**ЗАДАНИЕ 20.**

Какие словесные образы связаны с другими в меньшей степени? Как вы думаете почему?

**ЗАДАНИЕ 21.**

Найдите в стихотворении описания весны и осени, дополните эти описания, составив небольшой текст.

**ЗАДАНИЕ 22.**

На схеме показано, что многие словесные образы передают мысли и чувства. Как вы думаете, чьи это чувства и мысли на самом деле? Какие они?

**ЗАДАНИЕ 23.**

Какие эмоции и какое настроение передаются в стихотворении? В нём больше грусти или радости?

**ЗАДАНИЕ 24.**

Что автор в стихотворении называет ненужным, напрасным, бесполезным? Как вам кажется, действительно ли он так считает? Докажите своё мнение словами из текста.

**ЗАДАНИЕ 25.**

Как вы думаете, что символизирует осенняя природа в стихотворении? Почему вы так думаете?

**ЗАДАНИЕ 26.**

Послушайте романс «Отговорила роща золотая…» (композитор Г. Пономаренко) в исполнении Н. Кадышевой и О. Погудина[1]. Как вам кажется, какой вариант лучше передаёт настроение стихотворения С. Есенина?

**ЗАДАНИЕ 27.**

Как вы думаете, с кем и о чём могла говорить роща золотая? Составьте диалог.

**ЗАДАНИЕ 28.**

А. Как бы вы могли описать свой возраст? Какие образы природы вам помогли бы в этом? Подберите пейзаж или фотографию, лучше всего передающие ваше восприятие возраста. Расскажите о них.

Б. С чем можно сравнить течение времени? Как изменяется ощущение времени с возрастом? Расскажите о вашем восприятии времени, используя в качестве опоры картины или фотографии.

---

[1] Рекомендуемые ссылки: http://www.youtube.com/watch?v=RBDsnxE8eUo, http://www.youtube.com/watch?v=GZoWfNEkA0s

# О.Ф. Берггольц. Бабье лето

Как вы думаете, с каким возрастом человека чаще ассоциируется осень? Почему?

Рассмотрите картину И.И. Левитана «Осень. Усадьба» (1894). Каким вы себе представляете человека (или людей), который живёт в этой усадьбе? Как он выглядит? Какого он возраста? Какой у него характер? Какова история его жизни?

Сравните свой рассказ с тем, что придумали ваши друзья. Обсудите, могли бы люди, которых описали вы и ваши друзья, быть знакомы друг с другом.

И.И. Левитан. Осень. Усадьба. 1894

**ЗАДАНИЕ 1.**
**Прочитайте слова вслух. Подчеркните в них сочетания букв, которые читаются не так, как пишутся (произношение и написание различны).**

отгреме́ли, о́тдано, осо́бого, нежне́йшего, называ́ется, сади́тся, ка́жется, разлуча́ться, проща́ться, лёгкая, со́лнца, счастли́вый

**ЗАДАНИЕ 2.**
**Проверьте, помните ли вы**

◆ **слова в прямом значении:**
ливень, нива, паутина (**часть А**);
◆ **словесный образ:**
бабье лето (**часть Б**)

**ЗАДАНИЕ 3.**
**Соедините слова, близкие по значению.**

| | |
|---|---|
| неяркий | сильный |
| зной | красота |
| безмолвный | молчаливый |
| прелесть | навсегда |
| пышно | огонь |
| пылать | жара |
| пламя | тусклый |
| могучий | великолепно |
| навек | гореть |

**ЗАДАНИЕ 4.**
**Соедините слова, противоположные по значению.**

| | |
|---|---|
| зной | грубый |
| нежный | глупый |
| спорить | добрый |
| грозный | жадный |
| тёмный | здороваться |
| горький | ласковый |
| мудрый | мороз |
| щедрый | светлый |
| строгий | сладкий |
| прощать | соглашаться |
| прощаться | обижаться |

**ЗАДАНИЕ 5.**

**А. Подберите однокоренные слова к следующим словам.**

нежнейший, летучий, звонко, запоздалый, грозно, отгреметь, ливни, отдано, взгляд, горше, ревнивый, отрада, аукаться, проходит, звездопад, навек, разлучаться.

**Слова для справок:** ау, вечно, глядеть, горько, греметь, звёзды, падают, звонить, лететь, лить, нежность, опаздывать, отдавать, радость, разлука, ревность, угрожать, уходит.

**Б. С некоторыми из слов составьте 7 словосочетаний.**

**ЗАДАНИЕ 6.**

**А. В каждой строке вычеркните лишнее по смыслу слово.**

осторожно, аккуратно, громко, внимательно, старательно;
звонко, громко, тихо, тускло, шумно;
пылает, горит, костёр, огонь, роща;
зной, нива, борозда, колос, куртины;
взгляд, ревность, жест, слово, движение

**Б. Используя как можно больше из этих слов, составьте 5 предложений.**

**ЗАДАНИЕ 7.**

**К выделенным существительным подберите определения. Вставьте прилагательные в нужной форме.**

1. В природе есть время ...................... **света,** ...................... **солн-**
**ца,** ...................... **зноя.** 2. На поля осторожно садится ...................... ,
...................... **паутина.** 3. Как звонко поют ...................... **птицы!**
4. Давно закончились ...................... **ливни.** 5. Опустела ...................... и
...................... **нива.** 6. Мудрость ...................... **бабьего лета.** 7. *Рощи*
...................... , **звёзды** ...................... .

**ЗАДАНИЕ 8.**

**А. Прочитайте предложения. Сравните употребление глаголов с суффиксом «-ся». Что общего в значениях глаголов в каждой группе?**

1. Каждое утро я **умываюсь, причёсываюсь, одеваюсь** и иду на работу.
2. Чашка упала и **разбилась.** Через дорогу **строится** новый дом. Эта проблема широко **обсуждается.**
3. Мне **не спится.** Мне **хочется** горячего чаю. Как тебе **живётся** на новом месте?
4. Мы **встречаемся** с друзьями, **обмениваемся** новостями, **договариваемся** о новой встрече.
5. Я **интересуюсь** историей. Мы **волнуемся** из-за экзамена. Она **обрадовалась** хорошим новостям.

**Б.** Сравните употребление глаголов «прощать» / «простить» и «прощаться» / «проститься», а также однокоренных слов.

I. 1. [Жёны-блондинки] мужьям неверности не **прощают**, сами же изменяют охотно (А.П. Чехов. Руководство для желающих жениться). 2. Я обманул тебя; **прости** меня, **прости**! (Ф.М. Достоевский. Слабое сердце). 3. Слёзы катились из глаз её, когда она **прощалась** с ним (Н.М. Карамзин. Бедная Лиза). 4. Гость понял, что пора уходить, с ним приветливо **простились**, не удерживая его (М. Горький. Жизнь Матвея Кожемякина).

II. 1. **Прощайте**, мы не увидимся более (И.С. Тургенев. Ася). 2. Наташа, **прощаясь** с ним, расплакалась, а он стоял, как окаменелый (А.С. Пушкин. Арап Петра Великого). 3. ...или это только её **прощальный** взгляд, последний подарок — на память? (М.Ю. Лермонтов. Герой нашего времени). 4. «Это Николай Иванович, по шагам узнаю, — подумала Маргарита, — надо будет сделать **на прощание** что-то очень смешное и интересное» (М.А. Булгаков. Мастер и Маргарита).

**В.** Объясните различия в значениях глаголов «прощать» / «простить» и «прощаться» / «проститься». Как вы думаете, чем они похожи и почему?

**ЗАДАНИЕ 9.**
**А.** Знаете ли вы, что такое звездопад? Расскажите о том, как относятся люди к звездопаду и падающим звёздам. Видели ли вы сами падающую звезду? Если да, то загадывали ли желание? Сбылось ли оно?

**Б.** Сравните свои знания о падающих звёздах и звездопаде с тем, что известно вашим друзьям. Как вы думаете, одинаковое ли отношение к звёздам и звездопаду в ваших культурах?

**ЗАДАНИЕ 10.**
Прочитайте слова. С какими явлениями природы или временами года вы бы сравнили их?

молодость — ....................................................................................................................

старость — ....................................................................................................................

счастье — ....................................................................................................................

мечты — ....................................................................................................................

любовь — ....................................................................................................................

ревность — ....................................................................................................................

прощение — ....................................................................................................................

прощание — ....................................................................................................................

разлуку — ....................................................................................................................

мудрость — ....................................................................................................................

**ЗАДАНИЕ 11.**
Прочитайте стихотворение Ольги Фёдоровны Берггольц. **А.** О какой осени идёт речь в стихотворении?
**Б.** Может ли служить иллюстрацией к этому стихотворению картина И.И. Левитана «Осень. Усадьба». Почему?

### Бабье лето

Есть время природы особого света,
неяркого солнца, нежнейшего зноя.
Оно называется
        бабье лето
и в прелести спорит с самою весною.

Уже на лицо осторожно садится
летучая, лёгкая паутина...
Как звонко поют запоздалые птицы!
Как пышно и грозно пылают куртины!

Давно отгремели могучие ливни,
всё отдано тихой и тёмною нивой...
Всё чаще от взгляда бываю счастливой,
всё реже и горше бываю ревнивой.

О мудрость щедрейшего бабьего лета,
с отрадой тебя принимаю... И всё же,
любовь моя, где ты, аукнемся, где ты?
А рощи безмолвны, а звёзды всё строже...

Вот видишь — проходит пора звездопада,
и, кажется, время навек разлучаться...
...А я лишь теперь понимаю, как надо
Любить, и жалеть, и прощать, и прощаться.

                    О.Ф. Берггольц. 1960

**ЗАДАНИЕ 12.**

**Подтвердите или опровергните (скажите «да» или «нет») следующие высказывания о содержании текста:**

1. Во время бабьего лета солнце светит особенно ярко.
2. Птицы, которые не улетели на юг, поют звонко.
3. Часто идут сильные дожди.
4. В полях люди собирают урожай, поэтому там шумно.
5. Осенью заканчивается время звездопада.

**ЗАДАНИЕ 13.**

**А. Найдите в стихотворении обстоятельства образа действия (отвечают на вопрос *как?*) и предикаты, к которым они относятся.**

**Б. Найдите в стихотворении определения, сравните их с теми, которые вы написали в задании 7. Какие из них вам показались особенно неожиданными?**

**ЗАДАНИЕ 14.**
**Прочитайте словосочетания и фразы из стихотворения. Найдите среди них словесные образы. Докажите, что отмеченные вами словосочетания и фразы являются словесными образами. Подчеркните слова, не сочетающиеся друг с другом в прямом значении.**

время природы особого света; время неяркого солнца; время нежнейшего зноя; время природы в прелести спорит с самою весною; звонко поют запоздалые птицы; пышно и грозно пылают куртины; отгремели могучие ливни; всё отдано ниве; тихой нивой; тёмною нивой; от взгляда бываю счастливой; всё горше бываю ревнивой; мудрость щедрейшего бабьего лета; с отрадой тебя принимаю; рощи безмолвны; звёзды всё строже; проходит пора звездопада

*Как понять словесный образ?*

В художественной речи словесные образы могут обозначать что-то ещё, третье, неназванное. Например, в строке «Всё отдано тихой и тёмною нивой...» мы видим словесный образ с парадигмой

'Нива      →  (существо) отдала всё'.
'X          →   Y'

Прочитав стихотворение до конца, мы понимаем, что под нивой имеется в виду что-то другое (возможно, душа человека). Словесный образ на самом деле выступает в роли элемента 'X':

'(Нива      → отдала всё) → Y'
'X                                    → Y'.

При этом настоящий элемент 'Y' в тексте может быть не назван.
Такой словесный образ используется как *символ*.
В роли символа могут выступать не только словесные образы.
Чтобы понять символ, нужно внимательно перечитать текст и найти в нём подсказки. Но в итоге о значении символа читатель догадывается сам.

**ЗАДАНИЕ 15.**

**А. Вы, наверное, уже заметили, что в стихотворении много символов. Прочитайте словосочетания. Как вы думаете, что они символизируют?**

бабье лето — ........................................................................................................................................

неяркое солнце, нежнейший зной — ............................................................................................

весна — ..................................................................................................................................................

лёгкая паутина — ...............................................................................................................................

запоздалые птицы, поющие особенно звонко — .......................................................................

куртины, пылающие особенно пышно и грозно — ....................................................................

могучие ливни, давно отгремевшие — .........................................................................................

тихая и тёмная нива, которая всё отдала — ...............................................................................

безмолвные рощи — ..........................................................................................................................

строгие звёзды — ...............................................................................................................................

звездопад, пора которого проходит — .........................................................................................

**Б. Сравните символы стихотворения с теми сопоставлениями, которые сделали вы в задании 10. Есть ли совпадения?**

**ЗАДАНИЕ 16.**

А. Найдите в тексте языковые средства, с помощью которых передаётся особенность описываемого времени.

Б. В чём заключается особенность бабьего лета? Опишите бабье лето, используя слова и слосочетания стихотворения О.Ф. Бергольц.

В. В чём особенность возраста человека, о котором говорит автор? Подтвердите своё мнение словами из стихотворения.

**ЗАДАНИЕ 17.**

Перепишите стихотворение в таблицу (одна строка стихотворения — одна строка таблицы), записывая каждую строку либо слева, в столбец «Природа», если в ней речь идёт о природе, либо справа, в столбец «Человек», если речь идёт о человеке. Ячейку рядом (справа или слева) на этой же строке оставляйте незаполненной, как в примере.

| Природа | Человек |
|---|---|
| Есть время природы особого света. | |
| | |
| | |
| | |
| | |
| | |
| | |
| | |
| | |
| | |
| | |
| | |
| | |
| | |
| | |
| | |

| Природа | Человек |
|---|---|
| .......... | .......... |
| .......... | .......... |
| .......... | .......... |
| .......... | Любить, и жалеть, и прощать, и прощаться. |

**ЗАДАНИЕ 18.**

В поэзии нередко мир природы и мир человека описываются параллельно, например в стихотворении С.А. Есенина «Отговорила роща золотая...»:

Как дерево роняет тихо листья,
Так я роняю грустные слова.

Попробуйте дополнить описания природы и человека из стихотворения О.Ф. Берггольц «Бабье лето» собственными параллелями, заполнив пустые ячейки в таблице задания 17.

**ЗАДАНИЕ 19.**

В чём состоит щедрость бабьего лета? А его мудрость? Что принимает с отрадой лирический герой?

**ЗАДАНИЕ 20.**

**А.** Как вы думаете, почему лирический герой лишь теперь понимает, как надо «любить, и жалеть, и прощать, и прощаться»?

**Б.** Что теперь понимает лирический герой? Как надо «любить, и жалеть, и прощать, и прощаться»?

**ЗАДАНИЕ 21.**

Составьте диалог в ситуации:

*Бабье лето* и *Весна* спорят о том, кто прелестнее.

**ЗАДАНИЕ 22.**

Придумайте ситуации и составьте диалоги, выразите в них:
◆ любовь;
◆ жалость;
◆ прощение;
◆ прощание.

# Часть Д
# Подведём итоги

**ЗАДАНИЕ 1.**
Какие описания осени вам запомнились больше всего? Почему?

**ЗАДАНИЕ 2.**
Вспомните, какие слова или словосочетания были новыми для вас, когда вы выполняли задания частей А и Б. Напишите рядом с этими словами или словосочетаниями названия произведений или номер страницы в книге, где они вам встретились.

**ЗАДАНИЕ 3.**
Выпишите из текстов, которые вы прочитали, слова, передающие чувства, эмоции. Дополните схему «Настроения осени» (часть А). Какие чувства чаще связаны с осенью у писателей? А у вас?

**ЗАДАНИЕ 4.**
Какие словесные образы из прочитанных текстов вам показались самыми красивыми, поэтичными, какие — необычными, неожиданными, а какие остались непонятными?

**ЗАДАНИЕ 5.**
Из стихотворений, которые вы прочитали, выпишите примеры словесных образов, которые образованы с использованием

слов  *как*;
    *как будто*;
    *словно*;
    *точно*;

конструкций с существительным в форме Р.п.;
     с существительным в форме Т.п.;
     с прилагательными;
     с глаголами.

**ЗАДАНИЕ 6.**
**А.** Расскажите о том, какие словесные образы чаще используются для описания осени в вашем языке.

**Б.** Найдите перевод на русский язык стихотворения вашего любимого поэта с описанием осени, выберите из него цитаты, описывающие осень, обсудите их в группе.

**ЗАДАНИЕ 7.**

Просмотрите репродукции картин художников, использованные в этом пособии. Какие из них вам особенно понравились? Почему?

**ЗАДАНИЕ 8.**

Выберите одну из картин в пособии, которая запомнилась вам больше всего, опишите её. Пусть ваши друзья попробуют угадать, о какой картине вы рассказываете.

**ЗАДАНИЕ 9.**

**А.** Составьте список текстов художественной литературы, которые вы прочитали, расположив их в зависимости от того, какая осень в них описывается: от самой ранней до глубокой, поздней. Объясните своё решение.

**Б.** Сопоставьте свои списки в группе. Обсудите их. Выработайте общий список.

**ЗАДАНИЕ 10.**

Распределите прочитанные вами тексты в зависимости от настроения, которое они вызывают у вас. Обсудите ваши результаты в группе.

**ЗАДАНИЕ 11*¹.**

Расположите художественные тексты, которые вы прочитали, в хронологическом порядке, в соответствии с годами их создания. Сравните описания осени и словесные образы в текстах, созданных в разное время. Как вы думаете, различия в отношении к осенней природе больше связаны с тем, что эти произведения написаны в разное время, или с тем, что у них разные авторы?

**ЗАДАНИЕ 12*.**

Найдите два текста, которые, с вашей точки зрения, наиболее интересны для сопоставления. Сравните их со следующих позиций:

1. Что и как описано в текстах?

2. Какие слова, близкие или противоположные по смыслу, в них употреблены?

3. Какие словесные образы в них встречаются (что в них общего и что разного)?

4. Какое настроение передают авторы этих текстов?

**ЗАДАНИЕ 13*.**

Найдите перевод одного из текстов на ваш родной язык. Сравните перевод и оригинал. Что, на ваш взгляд, получилось у переводчика удачно, а что — нет; что сохранилось в тексте и что потерялось? Попробуйте усовершенствовать или сделать собственный перевод этого текста.

---

¹ Задания, помеченные звёздочкой, ориентированы на студентов-филологов.

# ЛИТЕРАТУРА

1. Аркадьева Т.Г., Васильева М.И., Владимирова С.С. и др. Справочные материалы по лингвострановедению (13) // Язык, культура, менталитет: проблемы изучения в иностранной аудитории: Сб. науч. ст. XIII Междунар. науч.-практ. конф. — СПб.: РГПУ им. А.И. Герцена, 2014. — С. 115–126.

2. Вознесенская И.М. Лексика поэтических описаний русской природы: Дис. ... канд. филол. наук. — Л., 1984. — 211 с.

3. Еремина Е.А. Обучение иностранных студентов целостному восприятию словесных образов времён года русского художественного текста // Вестник Центра международного образования Московского государственного университета. Филология. Культурология. Педагогика. Методика. — 2014. — № 4. С. 110–116.

4. Колоярцева Н.П. Времена года. Русская природа. Осень // Русский язык за рубежом. — 1970. — № 3 (15). — С. 43–46.

5. Кулибина Н.В. Художественный текст в лингводидактическом осмыслении. — М.: Государственный институт русского языка им. А.С. Пушкина, 2000. — 304 с.

6. Павлович Н.В. Язык образов: парадигмы образов в русском поэтическом языке. — 2-е изд., испр. и доп. — М.: Азбуковник, 2004. — 528 с.

7. Россия. Большой лингвострановедческий словарь / Под общ. ред. Е.Ю. Прохорова. — М.: АСТ-Пресс Книга, 2007. — 736 с.

8. Словарь современного русского литературного языка. — Т. 1–17. — М.; Л.: Изд. Академии наук СССР, 1948–1965. (БАС)

# Для заметок